中小学校防灾韧性研究

向铭铭　龙恩深　符娟林　著

地质出版社
·北京·

图书在版编目（CIP）数据

中小学校防灾韧性研究 / 向铭铭，龙恩深，符娟林
著 . -- 北京 : 地质出版社 , 2019.12
ISBN 978-7-116-11931-4

Ⅰ . ①中… Ⅱ . ①向… ②龙… ③符… Ⅲ . ①中小学
—学校管理—安全管理—研究 Ⅳ . ① G637.4

中国版本图书馆 CIP 数据核字（2020）第 004082 号

Study on Disaster Prevention Resilience of Primary and Secondary Schools

责任编辑：刘　迪
责任校对：张　冬
出版发行：地质出版社
社址邮编：北京海淀区学院路 31 号，100083
电　　话：010-66554649（邮购部）；010-66554608（编辑部）
网　　址：http://www.gph.com.cn
印　　刷：三河市铭浩彩色印装有限公司
开　　本：787 mm × 960 mm $\frac{1}{16}$
印　　张：11.25
字　　数：146 千字
版　　次：2021 年 1 月北京第 1 版
印　　次：2021 年 1 月北京第 1 次印刷
定　　价：68.00 元
书　　号：ISBN 978-7-116-11931-4

编委会

前　言

在全球气候变化、我国城镇化进程加快的背景下，开放而复杂的城市系统面临的不确定性因素和未知风险不断增加，"韧性"理念成为应对危机和风险的新思路、新方向。学校防灾减灾是国家综合防灾减灾体系的重要组成部分，其韧性建设意义重大。然而目前对于中小学校的防灾减灾研究和实践主要以建筑设计的坚固性、物质空间布置的合理性、恢复重建的绩效评价和利益相关者的满意度调查为主，尚未从更高的跨学科视角和更长远的持续发展理念去综合研究其"韧性"。基于此，本书以 2008 年汶川地震灾区中小学校作为切入点，在对孕灾环境中的致灾因子、灾害风险的识别、评估的基础上，结合承灾体的防灾减灾需求和能力提升目标，梳理韧性建设程序，以指导和提升学校的韧性建设。

本书共分八章。第一章，简要介绍了我国中小学校防灾韧性建设的总体情况，总结了汶川地震后的中小学校重建特色、效果和趋势。第二章，从防灾硬性要素和软性要素两个方面阐述了中小学校韧性建设涉及的选址规划、防灾管理、防灾教育、韧性评价以及空间分析技术方法等内容。第三章，从对评价体系构建过程展开分析，介绍如何遴选评价因子和构建评价体系。第四章，简述传统中小学校选址规划方法存在的局限，利用空间句法与中小学校选址规划相结合的优势，明确空间句法的具体应用。第五章，从耦合性的理论基础出发，对中小学校与社区交通安全、社区游憩空间安全以及社区商业场所安全的耦合性分别展开论述，并提出宏观、中观、微观层面的耦合对策以及设计指导。第六章，结合日本中小学校作为应急避难场所的经验，指出其优势，并从安全性分析、规模容量分析、交通可达性分析、配套设施分析及应急管理分析等五个方面论述了中小学校在城市综合防灾体系构建中的可行性。第七章，基于常见的导向系统设计流程、规范和规划，指出中小学校应急疏散导向系统设计现存问题，并具体介绍应急导向标识设计内容，对其进行优化。第八章，建议通过数据库建设的逐渐积累，进一步共享，更好地发挥韧性学校对整个社会安全发展的积极作用。

本书适用于我国各地区、各级中小学校。使用对象为城乡规划、建筑设计、标识设计等设计部门，以及相关研究机构，并为教育行政管理人员、学校安全委员会等提供参考。

本书是各方人员共同努力的结晶，来源于国家自然科学基金项目"基于中小学校灾害风险评估的韧性研究"的支持。在此，对项目团队所有成员，周庆伟、赵溪源、王正阳、肖和叶、库小伟、王杰、李易、李晨光、肖洋等表示诚挚的感谢。

向铭铭

2019 年 7 月

目　录

第一章　绪　论

第一节　中小学校防灾韧性建设概况

自然灾害对全球的影响并未随着科学技术的发展而减退，反而是持续增强，根据国际科学理事会（International Council of Scientific Unions，ICSU）的统计，1900—1940 年间，产生重大社会影响、有记录的灾害发生频率为 100 次 /10 年，而到 20 世纪 60 年代，这一数字为 650 次 /10 年，20 世纪 80 年代，2 000 次 /10 年，到 20 世纪 90 年代，这一数字更是一跃增长到约 2 800 次 /10 年。这些灾害导致全球生命、财产损失惨重。随着人们对灾害的认识不断增强，对防灾减灾实践的持续探索，"韧性城市"的理念应运而生并逐渐深入到城乡规划制定和实施的各个层面，并上升为公共政策。新形势、新思维对防灾减灾也提出了更高的要求，中央全面深化改革领导小组第二十八次会议明确指出，我国防灾减灾应"从注重灾后救助向注重灾前预防转变，从减少灾害损失向减轻灾害风险转变，从应对单一灾种向综合减灾转变"。

学校防灾减灾是国家综合防灾减灾体系的重要组成部分。据教育部"2017 年全国教育事业发展统计公报"统计，"2017 年，我国共有义务教育阶段学校 21.89 万所，在校学生 1.45 亿人；高中阶段教育（包括普通高中、成人高中、中等职业学校）共有学校 2.46 万所，在校学生 3 970.99 万人"。因此，保障 1.8

亿中小学生的生命安全是中小学校防灾减灾工作的重点，进而影响到千万个家庭的幸福，最终决定着社会的和谐、稳定和发展。

2008年5·12汶川特大地震后，我国颁布政策明确指出，"优先安排学校、医院等公共服务设施的恢复重建，严格执行强制性建设标准规范，将其建成最安全、最牢固、群众最放心的建筑"。学校建筑及设施能在大震中不倒是最基本的硬件要求。而新形势下对学校提出开展韧性建设的新要求，即最大限度降低学校的脆弱性、暴露在风险中的可能性，使其在紧急情况下能够维持基本功能运转，还能迅速恢复基本教学秩序，从而对城市救灾抗灾发挥更积极、广泛的支撑作用。但现实情况是，包括灾后重建在内的、全国更广范围的很多中小学校缺乏韧性建设意识和理念，尚未达到韧性学校水平。形成这种局面的关键原因之一在于，无论理论研究领域还是工程实践领域，都缺乏一套定义或评价韧性学校的标准和指导具体建设的程序方法。

在过去的几十年里，人类关于自然灾害的知识和理解急剧增长，不仅可以通过技术手段知道灾害的时空分布，还可以更精确地表征灾害事件可能的等级，灾害预报能力也有了长足发展。例如，EM-DAT数据库利用全球灾害风险的大数据而绘制的全球灾害风险等级图，以帮助各个国家应对灾害风险，其中，我国处于高风险序列，引起国家的高度重视。正因为这些知识和技术手段的提升，人类越来越深刻地意识到，地球不仅仅是"生命的地球"，还是"灾害的地球"，灾害与风险伴随在生活中，是世界运行的一部分。但是人们也意识到，通过防灾减灾等人为的努力和灾害的社会管理，可以减轻损失。

学校不仅是学生学习生活的所在，还是社区应急避难疏散的据点，更是关乎国家发展的防灾教育的前沿阵地。学校设施建设的安全性，防灾避难的功能性，应急管理的决策性，以及综合硬件、软件、时间、空间所体现出来的"韧性"，关乎灾后重建的成败、灾后社会生活的稳定和可持续发展。然而目前对于中小学校的防灾减灾研究和实践主要以建筑设计的坚固性、物质空间布置的合理性、恢复重建的绩效评价和利益相关者的满意度调查为主，尚未从更高的跨学科视角和更长远的持续发展理念去综合研究其"韧性"。

第二节　中小学校灾后重建特点、效果及趋势

汶川地震灾区范围内，公共服务领域的基础设施损毁的十分严重，损毁房屋超过 4 000 万平方米，损毁设施设备超过 50 万台（套）。其中教育方面：共有 7 444 所学校受灾，其中：义务教育阶段学校 6 737 所，普通高中 146 所，中等职业学校 129 所，特殊教育学校 16 所，高等学校 24 所，幼儿园 365 所，其他（含教师进修校、事业单位）27 所（个）。损毁校舍 1 955 万平方米。

·汶川地震灾区中小学校灾后重建面临诸多挑战。

1. 适建用地紧张，校园重建选址困难

灾区位于成都平原向青藏高原过渡地带，是龙门山、鲜水河、安宁河三条地震断裂带交汇处。灾区许多地方山高坡陡，河谷深切，适宜用地紧张。加之受两次地震影响，地质条件不稳，岩体破碎，易发生泥石流、滑坡、崩塌等次生灾害，重建选址更加困难。

2. 两次地震叠加，重建任务艰巨

芦山县、宝兴县是汶川地震的重灾区，其他地方大部分也是汶川地震的一般灾区，两次地震间隔短，损失大。地方财力薄弱，群众负担重。重建无论对灾区经济承受能力，还是干部群众心理承受能力，都是艰巨的任务。

3. 急群众所急，保证学生安全是重中之重

受灾群众渴望早日恢复学生上学秩序，早日恢复正常生活，

这都要求尽快实施和完成校园恢复重建。但校园建设要保证安全与质量，需要合理工期保障。尤其是灾区建设用地环境复杂，要进行地质灾害隐患排查治理，需要更长的建设工期。这需要协调群众急迫的意愿和保障工期安全之间的关系，科学重建，有序实施。

面对严重的灾情，在国家有关部委的精心指导下，在省委、省政府的坚强领导下，在全国各地特别是对口支援省市和海内外各界人士特别是港澳台同胞的大力支持下，灾区教育战线全体教职员工，经过数年的艰苦奋斗，灾后重建任务全面完成，四川教育迈上发展、振兴的新台阶。党中央、国务院对灾后恢复重建工作的高度重视，社会主义制度集中力量办大事的政治优势，为灾后恢复重建提供了根本保证；灾区各级党委、政府的有效组织领导，社会各界的广泛参与，广大干部群众自力更生、艰苦奋斗、与自然灾害不屈不挠抗争的无畏精神，为灾后恢复重建提供了强大动力；工业化、城镇化加快推进，生态文明理念日益深入人心，为灾后恢复重建提供了有利条件；国内外地震灾后恢复重建的成功经验，为重建工作提供了有益借鉴。

汶川地震教育系统实施重建工作通过以下措施：①科学组织，高效重建；②整合资源，多方参与；③严格标准，安全第一；④立足现实，合理布局；⑤关爱师生，心理重建；⑥开放合作，发展优教；⑦加大投入，确保运转，使得四川教育得到了显著的提升，也从中得到了充分的重建经验和启示，为后续韧性学校建设提供了理论和实践基础支撑。

一、重建特点

（一）灾后重建的全生命性周期

国际上，相关研究采用建立框架的方法进行，以提高效率。虽然没有权威性的规范来限定评价体系的建立过程，但是大多都符合这样五个环节。即，确定评价对象、获得指标体系、分析相关权重、构建评价标准，以及评价结果再分析。要建立起科学合理的评价体系，同时又要涵盖韧性防灾的属性，就必须建立起一套合理的评价框架，进而限定评价因子的属性。

韧性的防灾不仅强调对灾害的抵抗力，还应强调对灾害的恢复力。如果平时与灾害发生（以下简称"实时"）阶段主要强调抵抗力，那么灾后恢复与复兴则主要强调恢复力。当然，防灾韧性还体现在软性的防灾因子，即各时间段的防灾管理。四个时间段就可以将中小学校的防灾抗性因子和弹性因子全面涵盖起来了，即符合防灾韧性的需求。

许多相关研究都对灾害周期的时间轴进行了分析。"灾害恢复度量框架"一文认为灾害发展模型与生态系统发展模型类似，是一个类似"螺旋式"演进的进化过程。"应急管理阶段理论新模型研究"一文将防灾的应急管理分为正常期、扰动期、冲击期、复原期、发展期五个时间段，也是一个循环递进的过程。防灾四时段也是一个循环的过程，但是它并不能作为一个封闭的环形系统，而应当是一个螺旋进化的过程。图1-1和图1-2即是灾害发展的时段示意。由于灾害发生具有瞬时性，所以其中灾害时段与其他三个时间段有明显的分界。螺旋进化主要表现在重建、复兴过后承载体防灾能力的提升，这种提升也是防灾韧性的重要属性。

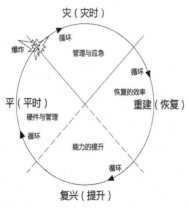

图1-1　灾后重建的全生命周期示意图

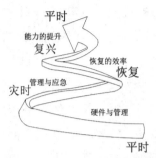

图 1-2 "螺旋式"演进示意图

因此，分析灾害发生的时间轴线来建立一套符合韧性属性的韧性框架，它能够全面地覆盖所需研究的评价因子，具有科学性和较强的可操作性。

通过对四个时间段，即平时、灾时、重建、复兴进行分析，寻找到中小学校在四个时间段中最重要的方面并进行总结。针对各时间段的重点来分析并获得准则层；设计出与四个时间段重点相关联的四个准则层，即硬件设施、应急管理、灾后重建、灾后复兴。四个准则层分别对应四个时间段，以各准则层为基础向下建立一级评价因子层和二级评价因子层，如图 1-3 为建立的韧性框架。四个准则层并非完全对应四个时间段，如平时时段不仅包括硬件设施的防灾能力的因子，还应包括防灾教育、防灾体制等纳入管理方面的因子。建立清晰系统的框架，需要依据每个时间段最重要的因素设立准则层，次要的因素则合并到其他时间段的准则层内。

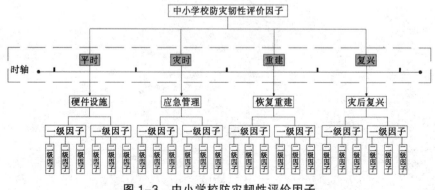

图 1-3 中小学校防灾韧性评价因子

1. 平时

平时阶段，即无灾害发生的时间段，平时的重点在于防灾和抗灾能力。

物理环境方面的评价因子包括交通状态、建筑状态、社区环境、校园规划、基础设施 5 个上级评价因子以及对外交通便捷度、道路系统完善度、建筑质量、建筑户型、建筑尺度及形态、灰空间、社区防灾能力、社区安全对学校影响、校园开敞空间尺度、学校区位、学校空间形态、校园内部各功能区通达性、绿地空间尺度、基础设施抗震质量 14 个下层级评价因子。

2. 灾时

灾时阶段，即灾害发生的时间段，灾时的重点在于应急响应的能力。

防灾管理方面的评价因子包括防灾教育、应急管理、平灾结合管理、管理体制、生命线工程组织 5 个上层级评价因子以及相关人防灾自救意识、管理者防灾培训、学生防灾素质培养、防灾应急演练、应急物资准备、应急预案准备、应急人员组织准备、对外救助与收纳、学校设施的防灾功能转换、治安管理、制度执行力与控制力、生命线工程的质量与维护、医疗救助管理、避难场所准备、避难通道维护 15 个下层级评价因子。

3. 重建

重建阶段，即灾后恢复重建的时间段，重建的重点在于恢复的效率。

恢复重建方面的评价因子包括政府推力、社会援助、建筑恢复、心理重建、常态恢复 5 个上层级评价因子以及政策支援力度、政府组织的恢复重建、国际援助、国内民间援助、社区互助、资金援助、物资援助、志愿者援助、教学建筑重建、生活建筑重建、学校自我组织重建能力、重建速度、资金投入量、心理干预、心理恢复力、基础服务恢复、教学功能恢复、一般生活功能恢复 18 个下层级评价因子。

4. 复兴

复兴阶段，即重建完成后逐渐过度到平时阶段的时间段。四个时间段是一个循环过程，能够全面覆盖中小学校防灾过程的所有阶段。

复兴的重点在于能力的提升。即，政府的相关政策改进、政府的应急组织效率提高、相关法律的完善、社会机构资助加强、社区与学校联系加强、社区自我防灾能力的提升、民众防灾意识提高、公众参与度提高、学校硬件防灾能力的提升、学校防灾体制的完善，以及学校自主救助能力的提高。

在宏观层面，将韧性学校的建设纳入全生命周期进行考量，即平时、灾时、重建、复兴，针对各时间段的重点来分析并获得评价体系中的准则层。"平时"的重点在于防灾和抗灾能力，以硬件评估为主；"灾时"的重点在于应急响应的能力，以软件评估为主；"重建"的重点在于恢复的效率，以硬件评估为主；"复兴"的重点在于能力的提升，以软件评估为主。由此设计出与四个时间段重点相关联的四个准则层，即硬件设施、应急管理、灾后重建、灾后复兴，在此基础上建立一级评价因子层和二级评价因子层。

（二）空间范围的层级性

学校不是独立存在的个体，应该纳入到韧性社区的范畴。可以由小到大，由里及外地划分出"学校内部——学校周边——社区范围"的层级，这些层级将直观、生动地展示出学校的韧性等级、设施安全性、避难场所的分布和容纳量等（图 1-4）。

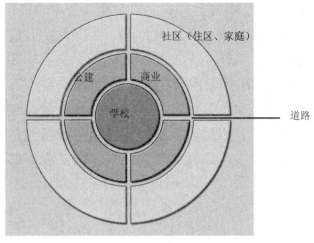

图 1-4 空间范围的层级性

（三）灾后重建的多主体参与性

1. 中央统筹

中央统筹指导下，省委、省政府作为责任主体，领导指挥整个灾后重建工作；灾区市、县作为执行主体，具体落实重建工作，形成了省、市、县三级联动，合力推动灾后重建的工作格局。全省各界特别是灾区干部群众迎难而上、苦干实干，认真探索中央统筹指导、地方作为主体、灾区群众广泛参与的恢复重建新路，灾后重建取得积极进展，为如期完成灾后重建规划任务奠定了坚实基础。

中央明确要求灾后恢复重建必须"坚持安全第一、质量第一，坚持以人为本、因地制宜，坚持实事求是、科学重建"。省委、省政府带领地震灾区各级党委、政府和广大群众全面贯彻落实中央"三个坚持"的要求，主动作为，大胆创新，探索走出了一条"中央统筹指导、地方作为主体、灾区群众广泛参与的恢复重建的新路子"。

2. 地方主导

（1）明确工作职责。①明确教育局领导班子成员联系学校的灾后重建职责；②明确教育局灾后重建办公室职责；③明确教育局工作人员联系学校灾后重建职责；④明确灾后重建工程现场代表岗位职责。责任到人、层层落实，要求各责任主体切实履职尽责，努力做好教育系统灾后重建工程。

（2）教育局领导班子、灾后重建办公室人员、联系学校人员不分节假日、不分时间段，随时都在施工现场，仔细检查每一个工程的施工情况，认真查看各种记录，发现问题及时进行纠正。

（3）在保证工程质量和安全的前提下，加快项目建设进度。要求监理人员每天在现场切实履行职责，把好工程建设关口，做好监理日志，对施工过程中发现的问题及时处理。确保了灾后重建过程中无一安全事故发生，工程质量达到国家规定标准。

（4）依法依规、阳光重建，在教育部门灾后重建工作中，严格履行基本建设程序，严格执行国家相关法律法规，灾后重建的每一项工作做到阳光、公开，接受各级各部门和广大人民群众的监督，认真履行项目管理程序，严格执行国家和四川省灾后重建规划，不擅自调整规划确定的项目建设规模和投资，严格履行相关程序。

3. 学校负责

（1）加强领导、落实责任。成立了以各校校长为组长的灾后重建工作领导小组，下设灾后重建办公室，抽调人员专一从事指导、服务学校灾后重建工作，做到灾后重建工作每一个项目皆有人联系、监管、督促、服务。

（2）点面结合，联系到位。实行校长具体负责的重建工作机制，相关人员不分节假日、不分时间段，深入设计、审图、造价及施工现场督促进度，仔细检查每一个工程的施工情况，认真查看各种记录，发现问题及时进行纠正，保证了灾后重建工作的稳步推进。

（3）强化管理，督查考核。将教育重建项目推进工作纳入年度综合考核，实行项目周报制和限期整改制，项目推进情况直接与学校的年度考核挂钩。

4.社区参与

学校作为社区的重要组成部分，与社区有着不可分割的联系。学校与社区的关系是彼此之间的双向互动与合作关系。双向互动的内容既应包括社区对学校的理解、支持和帮助，也包括学校对社区的支持、开放和服务。

社区参与是学校灾后重建的重要环节之一，社区应在营造、维持和保护学习环境方面发挥其主导性作用，以增强社区支持教育的"主人翁意识"。

首先应该为所在的学校提供一个安全、舒适的环境，避免犯罪的潜在危险。社区资源丰富，可以资源共享，学校要依托社区资源，加强与社区的合作，处理好社区资源和校内资源的关系，有效开发和利用。

评价、应对策略、监测、评估标准化的社区参与对实现有效的教育应对至关重要，同时也是应用"受教育机会和学习环境""教与学""教师和其他教职人员"，以及"教育政策"等标准的基础。有效的应急教育应对是建立在社区积极参与的基础之上的，即开展各种活动帮助人们参与决策过程，并就教育问题采取应对措施。社区参与和管理可增强人们的责任意识，更好地调动当地资源，保证长期稳定的教育服务。社区成员参与有助于发现当地特有的教育问题以及寻找解决方法。社区成员参与评价、规划、实施、管理和监测等过程，有助于确保教育应对合理有效。

5.跨部门合作

良好沟通，协调配合。灾后重建工作不仅是凭教育系统自身能独立完成的工作，在工程建设过程中，积极与相关部门和乡镇保持良好的衔接和沟通，并取得他们的大力支持，部门联动，形成合力，保证教育项目的顺利实施。

6. 家长委员会协力

危机沟通的一个重要方面就是与家长进行有效的沟通。美国学校与学生家长关系特别密切,学校对每个学生家长的联系方式都有备案。学校常与他们进行联系,告诉他们学校危机管理计划的内容、目标以及运行模式等。一旦危机事件发生,学校会立即与学生家长取得联系,向他们提供危机事件真实可靠的信息以及事件的进展和处理情况,也提供给他们关于孩子目前与接下来的安全状况。针对危机事件的发展情况,学校有时也会举办一个问答会议。通过会议,学校领导可以聆听学生家长的建议,同时也能够争取到他们的信任与支持。必要时学校也会对受害者的家长或亲属给与慰问和安抚。

因此学生家长是危机管理小组不可或缺的成员之一,危机管理计划的制定学生家长也需参与其中。

二、重建效果

汶川特大地震使重灾区和极重灾区的许多学校遭受到毁灭性打击,几乎毁于一旦。面对严重的灾情,灾区教育经过三年的艰苦奋斗,教育灾后重建任务胜利完成,中小学校舍安全工程有序推进,四川教育迈上了发展、振兴的新台阶。

(一)教育部门灾后重建工作

政府明确提出了"优先学校重建、加快学校重建、又好又快重建学校"的要求。灾区教育部门和学校在党委、政府的领导下,在相关部门的支持配合下,重建工作安排部署到位、工作责任到位、制度执行到位、协调指导到位、督促检查到位。在学校灾后重建过程中,坚持用科学规划保障科学重建,始终把建设标准和工程质量放在重建工作的突出位置,严格执行项目法人责任制、招投标制、合同管理制、工程监理制和质量责任终身制。

一是坚持科学规划。四川省学校灾后重建规划遵循"纵向：省规划到县、县规划到校"和"横向：按照管理体制，高等教育以省为主，职业教育以市州为主，基础教育以县为主编制"的工作原则，突出"定点、定规模、定功能"，重点规划了学校布局，充分体现了学校合理布局，有利于提高教育质量和办学效益，有利于优化教育结构特别是高中阶段教育结构的规划编制原则。在规划过程中，各地因地制宜提出了学校布局结构调整的具体思路。

在重建中坚持尊重科学，遵循规律，按自然规律办事，特别是突出尊重自然，确保了学校重建布局的合理性和安全性。对重建项目选址坚持"三个避让"：避让地震断裂带、避让地质灾害隐患点、避让泄洪通道，把安全性作为项目重建最重要的前置条件。

二是严格建设标准。从灾后学校恢复重建规划编制、审核到规划实施，四川省始终坚持国家发布的建设标准。把国家新颁布的《农村普通中小学校建设标准》作为学校灾后重建的强制性建设标准规范，并严格按照国家2008年颁布的《建筑工程抗震设防分类标准》和《建筑抗震设计规范（局部修订）》中对学校建筑的设防要求，认真贯彻落实。切实增强重建学校抵御自然灾害的能力，确保把学校建成最安全、最牢固、群众最放心的建筑。

三是狠抓建设质量。按照省政府《关于进一步落实责任加快推进学校灾后恢复重建的通知》要求，各地教育、发展改革、建设等部门建立了既分工明确又密切配合的共同抓好重建学校建设的工作机制，严把立项审批关、建筑材料质量关、工程施工质量关和竣工验收关，确保校舍建筑质量的安全。

四是强化资金管理。重建学校建设资金的结算划拨，各级都严格审核把关，坚持专款专用、专账核算、专户管理的原则。所有的资金拨付和核算必须严格遵守相关的财经制度，严格按照规划确定的范围和内容，做到开支符合规定、审批符合程序，确保资金安全，充分发挥效益。

五是加强监督检查。确立了正确的监管思想，一开始就注重工作"重心下沉，过程监管，一线监管"。为确保重建工作的有序、有效推进，以汶川地震为例，四川省教育厅成立了11个工作组，由厅领导任组长，分片包干市（州）重建工作。工作组负责随时了解和掌握包干市（州）重建工作情况，重点对建设标准执行、工程建设质量、建设进度等开展经常性的督促检查，同时协调当地政府和有关部门解决工作中的实际困难和问题。

六是注重质量回访。在新校舍交付使用后，各地积极开展了校舍质量回访工作。针对校舍使用后出现的问题，及时召开建设管理单位、施工单位、教育部门参加的工作协调会，逐一对接，落实解决措施和限期整改。市（州）、县（市、区）层层组织力量对灾区重建校舍质量进行了逐校逐栋的全面普查，普查面达100%。省级相关部门组成督查组，对学校建设质量进行了全面督查。

（二）中小学校舍安全工程工作

实施中小学校舍安全工程是贯彻落实科学发展观、构建社会主义和谐社会，体现执政为民的重大战略举措，是贯彻落实《防震减灾法》、保障学校财产和广大师生生命安全、依法履行政府责任的具体行动。四川省"校安工程"从2009年5月启动实施以来，在完成了排查鉴定、档案信息收集整理以及规划编制等基础性工作的同时，整个校舍安全工程建设顺利、有序推进。

1. 加强领导，落实目标责任

（1）明确责任。按照全国校安办的要求，四川省建立完善了省、市、县分级管理、分级负责的"校安工程"责任制。明确规定市（州）、县（市、区）人民政府负责"校安工程"的具体实施，对本地的"校安工程"负总责，主要负责人负直接责任。

（2）明确目标。《四川省中小学校舍安全工程总体规划及年度计划》将"校安工程"任务层层细化到了市、县、校及具体年度。

（3）建立考核机制。制定了《四川省中小学校舍安全工程考核暂行办法》，从制度建设及政策落实、规划的制定及项目库建设、资金筹集与使用管理、工程质量安全管理、工程进度和项目实施效益等六个方面制定了考核指标，规范了"校安工程"项目的管理与考核。

2. 拓宽渠道,积极筹措资金

四川省严格按照"统筹安排，突出重点，集中投入"的资金筹措基本原则，根据校舍排查鉴定情况，综合各地地震重点监视防御区、地震设防烈度、人口稠密度、加固和重建面积、财力等因素，筹集安排资金。加大资金监督管理，确保资金使用效益。

（1）统筹安排各类项目资金。灾后重建地区的"校安"资金由灾后重建原有渠道筹集。统筹农村初中校舍改造、农村寄宿制学校建设、农村义务教育校舍维修、民族地区教育发展十年行动计划等涉及中小学建设的项目资金，集中投入重点工程项目。

（2）合理分配中央和省级专项资金。中央和省"工程"专项资金主要用于地震烈度七度及以上地区，重点支持这些地区义务教育尤其是农村义务教育学校"校安工程"建设。中央资金和省级资金分别建设不同的项目学校，确保改造一所、安全达标一所。

（3）切实加大"工程"资金投入力度。各级财政将工程资金列入本级财政预算和社会事业发展规划予以保障。积极引导和鼓励社会各界捐资捐物支持"工程"建设。民办、外资、企（事）业办中小学的校舍安全改造由投资方和本单位负责，当地政府给予指导、支持并实施监管。

3. 强化监督,落实项目管理

根据全国中小学校舍安全工程工作要求,建立并完善了省、市、县分级管理、分级负责的管理体制。各级政府及其所属部门充分履职尽责,优化、简化校安工程项目审批程序。严格按照国家"校安工程"专项资金管理办法,加强资金管理。严格执行国家工程项目建设相关规定,不改变规划建设性质、不超规划建设规模、不超标准建设。严格项目法人责任制、校长负责制、招标投标制、合同管理制和工程监理制,提倡政府代建项目制。严格执行工程建设招投标管理办法,加强工程建设质量和安全施工管理,加强施工各环节及工序的监理,严把勘察设计、施工图审查,以及施工、材料质量关,确保了高质量完成"工程"建设任务。加固改造和重建项目完成后,按规定验收合格后交付使用。

三、重建趋势

韧性学校,是既能够有效抵御和减缓灾害和事故的发生,又能在灾害和突发事件发生时积极响应,做好妥善的应对措施,并在灾害和事故发生后能快速恢复的学校,是灾后重建的必然趋势。

韧性学校的建设备受关注,自 1990 年起,由联合国主导的全球性减灾活动每年都有不同主题,其中 1993 年的主题是"减轻自然灾害的损失,要特别注意学校和医院",2006 年为"减灾始于学校",2007 年为"防灾、教育和青年",都与学校相关。2010 年,联合国国际减灾战略署(UNISDR)倡导开展"让城市具有韧性:我的城市准备好了"全球行动,并颁布了《如何使城市更具韧性:地方政府领导人手册》,为城市提供抗灾能力衡量标准,梳理出"让城市抗灾十要素",其中第 5 要素明确指出,学校作为重要的公共服务设施亟需提升韧性。

基于这些目标,联合国国际减灾战略署制定了一系列专项计划,如《一百万安全学校和医院:评估并降低风险规划》,实则为一种互动式、参与式在线评估体系,既通过社区、组织和个人在官方网站点击并记录本地情况,系统自动生成清单式的措施和建议,以帮助学校和医院获得安全建设的指导。《学校减灾与备灾清单》则是更为具体的减灾备灾检查清单,用于日常排查学校灾害风险;《安全学校施工指导原则》为学校制定施工、更新计划提出指导原则,并明确每个建设周期的详细步骤。联合国儿童基金会南亚地区办公室颁布的《紧急状态下的教育:资源工具包》,总结出学校区别于其他建筑和设施的特点,以及与之相对应的特有灾害风险类型。

在韧性学校评价指标方面,联合国制定了学校安全指数,被越来越多的国家使用,用来评估学校设施的安全性和在应急情况下继续工作的可能性。它的基础是评估结构、非结构和功能性因素,包括相关环境和学校教学服务网络的情况。同时,联合国也明确指出,学校安全指数并不能代替细致的脆弱性研究。作为全球知名开放性网络的"跨机构危境教育网络"(Inter-Agency Network for Education in Emergencies,INEE),主要研究在紧急情况发生后直至恢复期间,如何采取措施确保人们接受教育的权利和安全的学习环境。INEE在广泛征求各相关利益方建议的基础上,颁布了《INEE最低教育标准:预防、应对、恢复》,明确规定紧急情况下的教育最低标准,即除了建筑、设施安全等基础标准之外,教学恢复能力、防灾教育、教育机会和政策等软性指标对于提升学校韧性亦十分重要,并且需要持续的监测与评估方能制定防灾减灾、救灾备灾方案。这些研究为本书在评估指标确定、指标体系建构提供了重要依据。

在韧性学校建设应用研究方面,日本展开了深入研究和广泛实践。日本推行全民防灾教育,注重意识、能力提升,其各个行业、组织都要制定相应的应急预案、培训计划等,并制作备灾清单、避难地图指引等易操作、可视化的指导手册。学校作为日本的"第一应急避难疏散场所",纳入到城市综合防灾减灾体系之中，学校在城市、社区的位置通常会被明确地标注在防灾地图之中，学校可作为应急避难疏散场所的设施、建筑单体和校园内部构造也会以清单、纸质地图、数字地图等多种形式向民众公示，以便准确地找到避难点。例如，日本学校的体育馆在灾时转化为避难者应急居住的场所，其房间功能也随之展开相应的转换，例如，体育馆场地被划分为避难者居住单元、食品准备及发放场所，库房则改为物资储藏、男女更衣室等，厕所仍保留用途。

日本学校的内部在灾时作为避难所，其开设的各个功能空间可以进行转化，例如规定了物资运输车辆、紧急救援车辆和一般车辆的不同停放场所，将教学楼、办公楼和体育馆转化为防灾物资仓库、灾民避难场所、心理辅导室、医疗救助室，甚至对宠物的安置区都有明确划分，功能清晰、一目了然、便于理解。由此可见，这些可视化的地图十分必要和具有意义，它们在平时公示于众，有助于民众形成防灾意识，在灾时指导学校迅速高效、有条不紊地转化为避难所。然而目前我国的中小学校，大多是仅仅在教学楼指示避难疏散的通道，尚缺乏整个学校的避难疏散地图，更未将学校作为避难所纳入到社区、城市防灾的范畴中。

利用这类国际上较为通用的标准化模型和指南进行学校校园安全、防灾教育、应急管理的评估研究已较为成熟，但考虑到灾害情况的突发性、灾害风险的多样性以及灾害作用的持续性，此类研究还较少。在中国知网（CNKI）进行跨库综合检索，关键词为"学校、评估"查找文献 199 627 篇，主要集中在教育制度评估、教学质量评估等软件方面；"学校、灾害"查找到 41 368 篇以学校选址、建筑设施建设、避难场所等硬件为主的文献，少量灾害教育的内容；"学校、灾害风险评估"则仅有 1 927 篇，且主要以自然灾害评估、突发事件风险评估为主；"学校韧性"研究则寥寥无几。周庆伟基于层次分析法建立了中小学校防灾减灾韧性评价体系；肖和叶关注城市中小学校承担着城市应急避难场所功能，提出从安全性、可达性、规模容量、应急配套设施及应急管理等五个层面评估学校作为应急避难场所的有效性；基于空间句法，李易利用可视性对中小学开放空间进行研究，李晨光则对校园规划进行轴线分析，探讨优化校园空间的途径。

我国关于学校韧性建设积累了一些经验，但尚未建立起学校韧性建设的系统框架，亦缺少韧性设计的程序方法。此外，已有评价指标体系专业性强，通常是专业评估人员用来做精准的专项评价。况且又面临中小学校数量大、分布广、城乡差距大、教育资源分布不均衡等诸多问题，继而导致安全教育缺乏长效机制，评估体系难以实际应用，风险评估缺少科学指导，建设程序不合时宜等问题。

第二章 国内外中小学校防灾韧性相关研究

防灾韧性与很多要素相关，可分为硬性要素和软性要素，硬性要素主要包括校园环境、基础设施、避难场所、建筑质量等；软性要素主要包括防灾管理、立法、教育等。同时，要对防灾韧性建设进行评价以及测量，就会涉及评价体系和空间技术方法的研究。

第一节 中小学校防灾硬性要素

一、防灾建设

汶川地震后，地方政府非常重视地震应急避难场所的建设，并制定相关的法规文件。避难场所的类型有所拓展，部分中小学校的运动场地和体育场馆开始纳入到避难场所的体系当中。据不完全统计，截至 2015 年，我国 4 个直辖市的学校操场、运动场地的避难场所的数量占总避难场所的数量的比例为27.21%。2011 年颁布的国家标准《中小学校设计规范》(GB 50099—2011)，对新建学校的班级规模、建筑层数以及选址等都有明确的规定，充分考虑了学校避灾的需求。

虽然近些年我国中小学避难场所建设取得了一定的成效，但仍然存在不少问题。由于缺乏资金和强制性的法律，中小学校建设标准较低，学校超负荷使用，导致人均学生避难面积不足，尤其是城市的老城区，校舍面积偏小，运动场地严重不足，班级规模偏大，周围分布有较高的建筑物严重影响校园的安全。2010年玉树地震及随后的鲁甸地震和雅安地震，重灾区的中小学校舍损毁严重，造成大量的学生遇难或失踪，中小学校园的安全性再次受到了公众的质疑，也引起了社会的关注和研究。

（一）国外研究现状

1923年日本关东地震，当时学校基本上是砖瓦结构或木结构，校舍抗震能力较差，大量建筑物坍塌，造成重大的人员伤亡，学校成为重灾区。此后，政府决定把中小学校园建设成"第一避难场所"，规定全国的教学楼必须采用当时最先进的钢筋混凝土结构。1995年阪神大地震后，政府开始实施"校舍补强计划"，对全国中小学校进行了全面的抗震检查，对不符合抗震要求的建筑进行加固，至2009年，日本校舍完成加固达到抗震标准的占到总数的60%。根据2000年修订的《建筑基准法》和实施法令，日本中小学校舍普遍能抗7级地震。日本加紧对中小学校园校舍建筑、配套设施等硬件设施的建设，同时也注重金融、法律和管理体制等软件设施的建设，确保校园避难场所功能的有效发挥。经过几十年的不懈努力，日本学校已被建设成为全国抗震能力最强的建筑，在临时避难与灾后收容中发挥了重要作用，亦成为灾后灾民的首选之地。

日本学者针对中小学在防灾减灾方面的作用很早便展开了理论研究，佐藤隆雄认为中小学校作为地震时的避难场地和活动据点，必须从自身的、所在地及到达学校道路安全性三方面进行评价；建部谦治研究了小学生在灾害发生时的逃生路线的选择趋势以及对于校园空间的认知程度；加藤孝明等人从日本灾害对策体制方面进行了研究。

美国在中小学校园防灾的理论研究和实践方面也进行了有益的探索。1933年美国加州发生地震，许多中小学校舍倒塌，学生伤亡很大。加州政府为了提高中小学校园的安全系数，对校园的建筑质量进行管控，同时颁发了《费尔德法令》，校舍建筑质量得到了显著的提高。

综上，从国外研究的现状来看，日本和美国的校园防灾研究较早，都是在一系列大地震惨痛的教训的基础上不断完善发展。日本是世界上校园抗震建设的先行者和领导者，自关东大地震后，非常重视中小学防灾建设，校舍成为日本最坚固的建筑，学校成为"第一避难场所"。从灾前、灾时和灾后制定了一整套完善的法律、财政金融、规划等防灾体系，保障各部门各司其职，有条不紊。美国主要制定了公开、透明和系统的法律程序，并建有公众参与的反馈机制，从法律上保证了美国中小学校舍的质量。总之，国外对中小学防灾建设和研究不仅仅提高校舍的建筑质量，同时还注重法律法规、防灾教育等软件环境的建设。

（二）国内研究现状

我国台湾地区在中小学防灾方面取得了很大的成就，值得大陆地区借鉴和学习。1999年"9·21"地震是台湾地区有史以来损失最严重的一次灾难，同时也为"新校园运动"的兴起提供了历史发展的机遇。震后短短一个月，数个民间团体组织起来，从教育和空间双重改革的角度出发，提出重建校园的理念，即校园绝对不应是钢筋水泥简单堆砌出来的呆板的火柴盒。通过台湾有史以来死伤最惨重的灾难，将教改理念融入校园重建中去，为校园的软硬件双重建设提供了历史契机。也就是说，在进行校园重建时不仅仅考虑校舍的重建，同时融入文化和精神的重建，兼顾软硬件环境设施的建设。

2015年南京共建成应急避难场所76处，可容纳407.11万人应急避难，其中有9处为中小学避难场所；2012年长沙共建成应急避难场所45处，可为150万人提供避难，其中有3处为中小学避难场所；2010年成都市公布首批城市应急避难场所35处，其中只有1处为中学。汶川地震后我国开始了中小学应急避难场所的建设，取得了很大的成就，但其占城市应急避难场所的结构比例偏小。

汶川地震后，我国学者对中小学校园防灾的研究趋于多元化，文献数量增多，但尚处于初步探索阶段。根据大量文献的整理分析，对于中小学抗震避难的相关研究大致分为以下几个方面。

1. 总结日本中小学校园防灾经验

陈静香在《日本中小学校建筑抗震防灾经验研究》中总结日本中小学建筑抗震防灾设计经验、评估经验以及抗震性能提高经验，并结合我国现状实际，提出一些有用的建议。

汤朝晖在《日本中小学校防灾抗震设计启示》一文中通过对日本中小学的实际调研，从灾前的设计防范、灾时的应急机制、灾后的恢复重建三个层面阐述日本中小学的抗震防灾措施。

王国光在《重建福祉——日本中小学校的防灾与灾后重建启示》中对日本中小学建筑抗震相关的法律、法规、抗震标准和抗震措施等进行梳理，为完善我国学校建筑标准及设计提供借鉴。

胡国勇在《构筑震不垮的学校，走进日本中小学（下）》中主要以案例的方式阐述了日本中小学抗震加固方面的成就，并呼吁我国中小学建成真正的公共机构，让民众充分参与。

李志民在《日本中小学校建筑抗震设计研究》中对日本中小学建筑抗震能力进行检测，制定修复和加固措施，并总结出日本校园建筑设计对我国的启示，以期为我国的相关工作提供借鉴。

杜琳在《日本中小学灾害教育研究》中从教育的角度阐释日本中小学防灾教育的内容体系与实施途径，并总结其实施经验和教训，为我国学校防灾教育的改善提供参考。

2. 建筑规划设计角度

赫一鸣在《灾后重建中小学建筑设计研究》中从城市防灾系统的安全设计、外环境与场地的安全设计与建筑单体的安全设计角度论述如何应对地震灾害，从灵活的教室设计、面向社区开放以及地域特色的建筑角度如何应对时代发展，以期为重建的中小学发展方向提供借鉴。

马东辉，翟亚欣等在《中小学校作为避难疏散场所的规划对策研究》中总结我国中小学校建筑和规划在避震疏散结构体系和避灾要求方面存在的问题，并提出适合于城市规划和建设的中小学校避难疏散的利用对策，以期为中小学校的防灾规划提供依据和参考。

郑婷，周园等在《作为地震应急避难场所的中小学规划设计策略研究》中从宏观规划与系统布局、优化校园设计及完善应急转换实施方案和相关措施三大方面，提出规划设计应对策略。

马玥在《基于GIS的中学避难场所选址研究——以北京市西城区为例》一文中通过建立最优避难疏散模型等方法对中小学避难场所进行研究，以期为中小学避难场所的选址提供参考。

黄玉平在《厦漳泉中心城区中小学校地震应急避难场所研究》中重点对建筑结构、空间形态、建筑材料对教学楼进行分析，并为中小学抗震避难场所建设提供建议。

吴苏龙在《中小学砌体结构校舍抗震加固设计研究》中通过对建筑抗震加固设计研究，对预制楼盖、楼梯间的加固方法提出合理建议。

综上，国内关于城市应急避难场所方面的研究逐渐增多，在建设实践方面取得了很大的成就，尤其是西南地区的城市及东部沿海地区的大城市都建立了较完备的防灾避难体系，但对于中小学抗震防灾方面的研究尚处于初步阶段。在实践方面，目前我国地震灾害频发的西南地区的一些城市如重庆、绵阳、成都等对一些条件较好的学校进行应急避难场所建设，把其作为防灾体系的一部分，但其占城市总避难场所的比重偏少。在理论研究方面，国内关于中小学防灾方面的研究主要侧重于对日本校园防灾经验的学习，校园的规划设计，建筑的抗震设计、加固，校址选择以及防灾教育方面等方面，而对于中小学避难场所有效性的研究方面，仅曹义敏对影响校园避难有效面积进行单因素研究，在这一领域的研究几乎处于空白。

二、选址规划

现代城市规划起源于工业革命不断深入的 19 世纪末和 20 世纪初，根据对当时西方主要资本主义国家城市发展历程进行研究，此时的主要特点是不断推进的城市化进程，城市空间布局也由分散走向集中，大城市规模不断膨胀，政府当局与规划工作者对城市空间结构的重组与优化投入了较多关注。1920 年，美国社会学家克拉伦斯·佩里（Clarence Perry）基于现代城市因机动交通的发展提出了一系列规划结构的变化，这就是著名的邻里单位理论（Neighbourhood Unit）。该理论主要是改变过去住宅区结构而提出的一种新的居住区规划思想，也要求在对居住区进行规划的过程中，必须要在较大的范围之内实现规划的统一性，使居住环境就像人类的"细胞"，邻里之间能够形成一个单位。同时，对城市居住单位的具体范围和规模也进行了界定，认为一个邻里单位的规模应该是与一所小学的规模相等，这样才能够使学生不穿越相应的城市交通道路就能够实现学习，邻里中心的辐射范围不大于 800 ～ 1 200 m。该理论较早的在城市规划中考虑到中小学布局问题，在对居住区建设模式进行分析时，主要是立足于邻里单位理论的基础之上，对步行可达性进行考虑。该理论当时在欧美的规划圈风靡，至今仍在国内外城市规划中广泛应用。

20 世纪末，针对郊区无序蔓延带来的城市空心化、过分依赖汽车、能源浪费、环境污染等城市问题，1996 年的第四届新城市主义大会上颁布了《新城市主义宪章》（Charter of the New Urbanism），形成了一种新的规划思想——"新城市主义"（New Urbanism）亦称"新都市主义"，代表人物为彼得·卡尔索普（Peter

Calthorpe)。他们提出创造城市紧凑的布局、较为适宜的步行，以取代蔓延式的郊区发展模式。这其中就涉及了两个组成理论，即传统邻里社区（TND）和公共交通主导型的发展理论（TOD），并将中小学布局问题也纳入到新城市主义的研究范畴，在对邻里环境进行建设时，必须要保障其具有步行适宜性、功能齐全性，且具有相当规模的、适宜步行和骑行的中小学校。

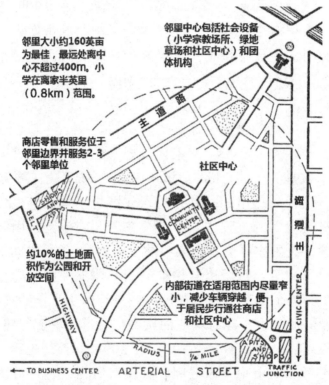

图片来源：中外城市建设史，沈玉麟
图 2-1　邻里单位示意图
（沈玉麟，2007）

对于我国来说，在对城市进行规划时，与西方国家不同，我国受到多方面的影响，包括政治、经济和历史等因素，所以发展较晚。在发展过程中的主要理论，也是基于对西方理论的借鉴。每一发展阶段都具有较强的时代性，不同阶段出现的问题具有很大的差异，主要在于各阶段开展相应的规划工作时，所运用的方式方法和当时的社会需求有很大的差异。

中华人民共和国成立后，中苏关系进入"蜜月期"，"原苏联模式"规划方式的引入拉起了中国现代城市规划史的序幕，这一时期我国规划的主要特征是以党中央统一下达安排建设任务的空间布局为主导，城市建设和居住配套建设同步进行，并且由于各方面的社会原因中小学数量较少。1962—1965年，由于社会状况相对稳定，我国加大了基础教育设施建设，中小学数量剧增。"十年文革"，城市规划和建设基本处于停滞状态。改革开放后，各项工作步入正常发展轨道。1978年3月，国务院在北京召开第三次城市工作会议，会后中共中央下发了《关于加强城市建设工作的意见》，城市规划工作重新走上正轨，中小学布局规划成为城市总体规划的一部分。在当时计划经济的时代背景下，中小学布局规划主要体现了均衡的原则，基本采用标准配件等规划方式。其后颁发的《中华人民共和国义务教育法（1986）》和《中小学校建筑设计规划（1987）》成为指导中小学规划建设的重要法规，基础教育相关法规和规范的颁布也标志着我国中小学布局规划进入了规范化管理的新阶段。1994年，颁布《城市居住区规划设计规范》（GB 50180—93），划定了中小学配套指标标准，但实际出生率以及居住人口变化、地区差异等产生的相关问题并不能通过单纯的指标规划来解决，这也导致一段时间内中小学规划建设与实际情况不相符合。

21世纪以后，在意识到原有的计划规划方式不合时宜后，我国颁布了相应的法律文件，包括《城市普遍中小学校校舍建设标准》《城市居住区规划设计规范》等。这些文件既有刚性的规定，也有弹性的指标，以此来使城市中小学的布局规划得到有效的落实，此后部分城市开始探索符合地方实际的中小学配套方法。随着我国城市化的进程得到有效的推进，城市区域不断扩张、人口的流动性大大增强，由此也体现出在教育设施规划方面的不足。在城市，学校资源相对较多，而农村的学校资源相对较少，中小学布局规划与城市发展相协调的理念进一步得到重视，学者也开展了对该问题的理论和实践开展研究。

我国中小学规划主要是根据规范或地方标准，采用定性比较的方式进行编制，规划指导思想的不断变化，具有浓厚的时代特征。发达国家对于中小学布局规划的研究是基于教育设施充分、合理布点的情况下最大限度的提高资源利用效率。

第二节　中小学校防灾软性要素

一、防灾管理

在中小学校园安全管理、立法及校园安全体系构建方面，国外非常重视学校安全相关的法律及制度建设，运用法律的强制力保障校园安全。美国的校园安全问题曾经极其严重，通过一系列的立法与安全治理获得了极大转变。因此，美国的安全治理模式具有一定借鉴意义。1951年密歇根州的弗林特初创"校园巡警"计划，1987年美国联邦政府和立法、司法机关制定并颁布实施了《美国校园安全守卫法令》，用以保证民众对危险学校的知情权，并规定学校要将犯罪案件进行曝光。1990年在《克莱瑞法案》中提出了个体预警的预防制度，1994年在《美国2000年教育目标》中提出让暴力、毒品、酒精远离学校。同年，联邦当局第一次划拨专款用以校园安全治理，还分别从不同层次和方面对校园相关安全问题进行了立法，并且还通过法律确定家长有权全程参与并监督学校管理。此外，通过运用School Lobby系统、ID卡、虹膜识别仪等先进技术等手段，积极构建横纵交错、点面结合的严密安全网。

我国一些学者通过对国外校园安全体系构建实践经验的总结，研究如何整合多方社会资源用以校园安全防御机制的构建。杨九斌、武亚丽通过对日本池田特大命案后日本校园安全防御机制的建立方法分析，认为构建的校园安全防御机制必须要学校、政府、社区形成合力。余中通过对美国巴尔的摩市防御体系构建经验的研究，认为应该把家庭纳入与政府、社区一起参与校园安全防御机制，充分发挥学校、家庭和社区的相互间的社会纽带作用。还有一些其他学者，从空间设计、治理模式等方面对我国校园的安全防卫体系建设进行构想。

二、安全教育

对于中小学校园安全教育方面的研究，各国的侧重略有不同。美国着力于研究社会、政府、学校共同参与学生安全教育；日本则侧重于研究安全知识的传播方法和安全意识的培养。在日本的教育部门，《危机管理和应对手册》和《防灾教育指导资料》等材料是各级教委的必备书目，防灾的安全知识和方法的宣传也是日本媒体的日常内容，通过多个媒介、多种方式培养学生的安全意识。安全教育的课程贯穿于日本学生整个接受教育阶段。日本孩子从幼儿园就开始接受各式各样的安全教育与应急演习，并一直延续到中学。课程内容的选择也贴合不同年级孩子的生活实际，以实用为主。俄罗斯的教育部开展了《生命安全基础》课程教育。该课程根据不同年龄阶段的授课对象来编写，力求安全知识符合不同的教育层次的认知能力。在应急演练方面，俄罗斯根据《生命安全基础》这一课程内容，专门设立了"生存岛"来进行许多实际的安全事件体验。在美国，中小学学生每学期都必须参与一次防洪、防火、防风演练，甚至幼儿园的孩子每月都必须进行一次逃生演习，内容为防震、防火或预防其他自然灾难，从小培养孩子在各种危险面前的逃生能力。日本中小学校各种应急演练穿插于日常空闲时间，并且让学生家长参与演练。有时选择课间休息时间，在当事人完全不知情的情况下突然演练，使学生真正明白生命安全教育不是游戏。通过这些方法，学生的防灾技能和意识得到了切实的锻炼和提高。

我国学者对校园安全问题的认知过程体现出学界对校园安全问题认识的不断发展变化，并逐渐走向全面成熟的过程。

2010 年我国短时间内发生 6 起校园暴力伤害事件，在全社会造成极大反响，也引发学界多个学科对校园安全的大讨论。刘焱、李子煊在《我国当前校园暴力的概念界定与现象研究》中肯定了姚建龙关于校园暴力概念的界定，并对当前我国"校园暴力"的概念进行了拓展，认为应增添概念的认定范畴。在《校园外来暴力与安全空间》中，陈荣武从关怀少年儿童心理健康的角度对校园外来暴力展开研究，他认为少年儿童个人因精神心理因素导致的自伤、自残、自杀行为主要来源于家庭暴力事件、校园内暴力事件和外来暴力事件。张英萍在对其他相关概念进行研究分析后，提出"校园安全是发生在校园内及校园一定辐射区域内，严重破坏学校师生的身心、财产或学校财产，并影响学校正常教学管理秩序的事件"，具有一定的代表性。

我国的校园安全教育起步较晚，对于校园安全教育的研究大多是对国外教育教学方式及内容的分析研究和对我国现阶段校园安全教育存在问题的探究，重视家校合作。李开勇、冯为在《论我国中小学安全教育存在的问题及其解决对策》中指出，要加强对学生的生命教育，开展灵活多样化的安全教育，重视家校合作。罗萃萃、李明在《日本中小学、家庭、社区的联合教育发展动态》中总结了日本的联合教育发展经验，从学校教育的角度为我国校园安全教育工作的开展提供建议。朱占丰在《如何促进家庭教育与学校教育的合作》中论述了如何提升家庭与学校教育的有效性。学界普遍认同校园安全教育须由学校、社会、政府、家庭通力合作才能具有实效。

通过对国内外中小学校园安全研究的梳理，对比国内外研究结果及校园安全建设近况总结如下：

（1）安全教育方面，国内外都很认同学校、家庭和社区应在教育方面形成合力。但因为各国的社会物质基础、文化背景、政策及法律不同，国外发达地区相关配套设施及政策完善，安全教育的教育基础、教学方式、教学内容都较为成熟，实践性很强。而我国的安全教育尚处于起步阶段，还在边实践边摸索适合我国国情的安全教育方法。

（2）中小学校园管理及立法、校园安全体系构建方面，国内外的立法者及政策制定者都认同保障学生安全是一项系统工程，为学生创造一个安全的学习和生活环境不仅是学校的责任，还需要司法部门、教育部门、社区组织、非政府组织、社会媒体以及学生家长等共同参与和支持。国外发达国家的管理制度及立法较为完善，有效保障了各参与者在中小学校园管理中的权利，也督促其承担应有的义务。但这样的建设模式也有其缺陷，功能固化极易导致交流合作的缺失。我国的相关制度与立法不够完善，职权划分不明，学校相关管理也以自觉参与为主，难以形成有力约束，这些都是我国现阶段校园安全体系构建面临的问题。随着国家的重视与资金的大量投入，我国的校园安全建设正在积极向好发展，新的政策与法规不断推进校园安全建设。

第三节　韧性评价

由不同方面、不同层次、不同类型的地质灾害评价组成的整体称为地质灾害评价体系。利用相关基础研究方法，根据灾害的评价因子总结得出体系评价。各种评价虽然目的、要求并不完全相同，但基本内容和技术方法相近。

（一）国外相关评价体系研究现状

国外一些国家经过早期的不断研究，提出了一些沿用至今的基础理论方法。在部分防灾评价体系评价中，对相关的评价因子做出了综合详细的研究，并分析出各因子间的关联影响，但是对于大多数城市灾害，国外并没有相关权威性的理论进行研究评价。

1994 年，美国的 Mario Meija Nam 和 Elfen E.Wohl 在哥伦

比亚的麦德林地区，以 GIS 的专业模型为基础进行扩展，开展地质灾害和风险评价，同时进行灾害和危险性分区。依据各评价因子和灾害之间相对应的关系，将每一种评价因子划分为不同等级。

2000 年，Michael-Leiba 同样以 GIS 软件为研究评价平台，分别采用平面和三维评价系统，对 Cairns 地区进行了滑坡灾害的危险性、承灾体的易损性、风险评价区划研究。

2003 年，Jonkman 认为定量风险的计算应从伤亡率、经济损失、环境损失、潜在破坏及综合风险计算 5 个方面进行分类评价，并在此分类的基础上总结了相关的计算方法及模型。

2004 年，Bell 和 Glade 通过考虑特定灾害强度下，人类、建筑物和处于建筑物中人类的脆弱性，进而绘制了冰岛滑坡风险图。

2006 年，意大利学者 Guzzetti 提出了对地质灾害预测模型质量评估的技术方法框架，这也是在模型可靠性质量评估技术方面做出的非常有意义的探索。

2008 年，Ana Maria 等以 1999 年 8 月 17 日发生的土耳其 Kocaeli 地震为例，开展了 Kocaeli 城区自然灾害风险的快速综合评价研究，他将易损性指标分为四大类进行风险评价：第一类基础设施，其中包括工厂、生命线系统、应急设施等因子；第二类社区内处在危险区的人口；第三类自然环境内脆弱的生态系统；第四类河流系统及风险应急管理系统内建筑或非建筑设施。

(二)国内相关评价体系研究现状

随着我国经济的快速发展，城镇建设速度不断加快，城市化水平由 1980 年 15% 快速发展到超过 40%。伴随着城镇化快捷发展，致灾因素也在增加。因此，迫切需要在城市规划建设阶段建立完整的、相互协调的防灾适宜性评价分级体系。通过逐渐摸索学习，我国在相关体系研究方面取得了一定的理论基础和实践经验。

邓朝贤用模糊四元联系数建立了防洪工程体系安全综合评价模型，用联系度描述评价因子与评价标准之间的关系，清晰地反应评价因子和评价标准间的动态联系。

孙岩提出基于 B/S 模式的安全性评价系统构架，采用 JSP 开发技术，开发了包括评价组织管理、评价标准管理等在内的 10 个功能模块，分析了其系统特点以及在实际工作中的应用效果。

李清富对城市防洪工程风险决策方法进行了研究，着重讨论了与城市防洪工程决策制定密切相关的几个问题。

国外的评价体系的相关研究已经有了非常丰富的研究成果，国内的相关研究也正处于快速提升的阶段。但是，无论在国内还是国外的相关领域内，都很难形成一套或多套具有权威性评价体系的研究框架。

第四节　空间分析技术方法

对中小学空间布点及规模设定，目前用 ArcGIS 或空间句法等相关软件对其服务半径进行空间结构分析的较多。ArcGIS 的用法较为普遍，空间句法是近期兴起的新方法，详细说明如下。

空间句法是从空间形态出发对社会结构、人类活动、经济文化行为进行研究的一种城市空间理论与方法，综合了定量分析和可视化分析，不仅具有科学性，同时也具有简单的操作性和广泛的应用性。其主要论点在于，在对社会经济活动的影响因素进行考察时，不能够仅仅依赖于个体空间元素，还必须要从整体的角度出发，对所有的空间元素进行研究，并对其之间的复杂关系进行考量，才能够实现对社会经济活动的研究，由此得出的研究以及相关因素的影响才是对社会经济现象起到决定作用的因素。

在开展建筑与城市的设计中，通常会采用这种空间分析方法，包括从一栋建筑到整个城市的设计，都会运用该分析方法。

比尔·希列尔（Bill Hiller）在《空间是机器——建筑组构理论》
（*Space Is The Machine：A Configurational Theory Of Architecture*）
中对空间句法的相关理论含义进行了明确。即，空间句法的理
论，主要是立足于城市开展的研究，并且将其视为一个自组织
系统。在对城市的空间进行研究和设计的过程当中，对其中存
在的一些特定的空间组构模式，实现与其他相关因素的连接，
包括一些非空间的因素，比如经济、认知等。通过对空间法则
的运用，能够实现城市空间形态的逐步构建。除此之外，空间
组构模式具有非常重要的作用，能够对人车流的分布等产生具
体的影响，并且相互之间能够产生一定的反馈作用，从而能够
进一步保障建设环境在具体形式和功能上的一致性，也能够形
成城市的基本空间形态。根据对空间句法进行研究，可以看出，
在城市中对该方法进行运用的过程中，主要是将街道网络作为
研究重点。在对街道的结构进行连接和分析时，通过几何学和
拓扑学的理论进行运用，在拓扑结构上使街道的可达性能够达
到较高的标准，使其能够有更大的潜力成为具体的目的地，即"到
达性交通潜力"。在建设的过程当中，对路线的连接是通过起点
与终点的方式进行的测量，即"穿越性交通潜力"。

由此看来，在空间句法的实际应用过程中，能够明确加强
设计者和研究者对城市自身的功能和结构之间的联系，使其相
互之间的交互作用能够得到有效地展现。以城市为中心，通过
其外在形态对其空间结构的产生进行分析，并对空间的相关量
化因子数值进行分析，并且在此基础之上加入了规划和设计的
因素，对上述过程进行积极的引导和促进。由此可以看出，空
间句法又具有了规划性、设计性与数字化的特点，作为一种理
论工具，能够使研究和设计更加的严密和完善。

第三章 灾后重建中小学校韧性评价体系构建

第一节 评价体系构建过程分析

评价实践是评价体系的基础，评价体系是评价实践的概括和总结。数据的获取和修正都必须通过实践，而在评价体系建立过程中，最关键且难度最大的环节就是数据的获取。在领域内以往获取的评价因子的主观性还是很强的，这是因为在进行评价因子获取过程中，并不存在严格的标准来进行规范，从因子的获取到权值的判断都会伴随着主观因素。因此，从数据获取的方法上控制评价因子的客观性十分关键。经过长期的实践，人文社会科学有关评价体系研究成果已经非常充实。所以，通过文献研究总结出一般评价因子构建的方法便具有较强的普适性和客观性。

本章节拟通过对领域内已建立的评价体系成果和防灾韧性的相关文献研究，建立起适合本书研究的评价因子构建方法。通过一系列相关文献的阅读，作者发现不同研究方向评价体系构建的工作方法具有一定的共通性。对各篇与课题相关文献的评价因子构建过程进行分析过后，作者归纳了一个简单的过程模型，包括四个步骤：第一，基础研究，获得初步数据；第二，整合数据，初建评价因子体系；第三，实证检验，补充与修正；第四，建立索引，构建最终评价体系，如图3-1所示。

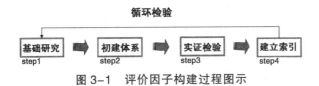
图3-1 评价因子构建过程图示

领域内的评价体系构建过程并无规范可依，但有规律可循。尽管各个领域的相关评价因子研究都具有各自的特殊性，评价因子建立的原则、方法以及工作的顺序都各有差异。但是领域内绝大部分评价因子建立的一般过程都离不开获取数据、初建体系、实证检验、修正及建立索引四个基础性步骤。基于这四个基础性步骤重新对相关评价因子的文献进行分析研究，可以总结出更为详细的评价因子建立的过程框架，以支撑本书评价因子构建分析。

一、基础研究

数据的获取途径直接影响数据的有效性，针对研究课题的具体情况选用合适的数据获取方法十分重要。对于评价因子的研究而言，这些数据通常就是初步获得的评价因子，所以数据收集完成之时即评价体系初步建立之时。通过一定数量的文献分析，作者发现获取初步数据的方法有很多，这里主要分析三个比较典型的方法。

1.通过建立分类框架获取数据

这种方法需要事先建立一套可以全面覆盖评价因子的完整分类框架，在此框架的基础上通过文献研究等方法寻求评价因子，进而建立起初步的评价因子体系。它是从宏观、中观、微观的顺序逐层分析获得数据的框架，第一层级通常就是需要获得的评价因子体系的准则层级，也就是说在建立框架的同时准则层已经初步建立。

分类切入点的选择非常重要，它直接影响到分类框架的实操性。通过时间或者是空间的分类来建立框架是比较常见的分类方法。例如"西南地区超大型地下洞室群施工期快速监测分析评价体系研究",通过空间角度将围岩地区划分为稳定地区、稳定性差地区、不稳定地区。"基于 3S 技术的汶川强震区潜在突发性泥石流危险性区划及评价研究",以空间划分为基础,通过物理和人两大因素作为分类切入点,划分出地形地貌因子、地质因子、水文气象因子、人类活动因子。"解读灾害评价——建立框架评估环境危机(FACSE)",通过对框架的解读来对环境进行评价。除上述文献以外,还有很多课题都是从时间或者空间切入进行分类框架的建立。如图 3-2 所示,建立分类框架进行数据获取的方法,因为有了框架进行约束,所以利于初期数据获取的聚合性,而难点在于分类切入点的选择。

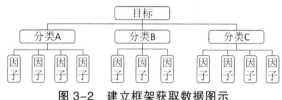

图 3-2　建立框架获取数据图示

2. 通过分析需求获得数据

这里的需求是指人对评价对象的需求,分析评价对象满足需求的能力是获取初步评价因子的基础。这种方法需要对评价的对象进行大量的实际调研,通过对目标人群进行问卷或访谈式调查并辅以实地踏勘,寻找到评价对象在研究课题范围内的优点或是不足,从而确定评价的准则层。当然,目标层是最早确定的,在进行实际调研之前也应当依据相关研究得出初步的准则层,再通过相关人对评价对象的需求来大量地获取数据,最后再反馈准则层进行修正。

按照需求获得数据的方法需要的数据量较大,在实际调研中的工作量非常大,有可能导致收集的数据对评价因子覆盖不全面。它的优点在于目的性强,获取的评价因子能够比较准确地评价研究对象,适合目标层精确的评价因子研究。大量人群的意识调查是数据收集的基础,例如"基于医疗质量管理的患者信任度评价指标体系构建及相关研究"，通过专家确定、群众检验的过程，收集并检验"信任度"的数据。"学生校园意外事故风险评价指标研究"，将调研对象锁定为学校安全的相关人，如学校管理者、教师、学生、家长等，并通过访谈和问卷，收集主要数据。"上海市防震减灾应急决策信息系统研究"，通过市民、企业、机构调研获取大量数据，以建立相关体系工具。如图 3-3 所示，上述研究中数据的获取需要进行多次重复调研，不断修正问卷以获得目标精准的评价因子。

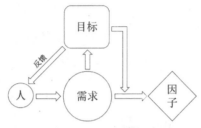

图 3-3   分析需求获得数据图示

3. 通过直接调查评价对象获取数据

这种方法需要在调查前期进行大量理论知识的夯实，然后通过大量文献研究后再进行实地调查。与第二种方法不同，调查的主要对象是物而不是人。通常情况下，准则层的获取是由团队通过前期相关研究和领域内专家建议获得的，通过数据的收集进一步建立中层和下层评价因子，因此也伴随着很强的主观性。

此种获取数据的方法所对应的评价对象是看得见、摸得着的物理空间。研究者对评价样本进行调查直接获取数据（图3-4）。如"城市生态环境基础质量遥感评价因子与评价模型研究"，在前期理论与文献研究的基础上，通过对目标城市满足生态环境相关的物理环境进行实际调查分析，将评价因子总结为公共建筑、环卫设施、其他市政设施、工业、仓储等 41 个物理空间。"城市地震灾害风险分析与应急准备能力评价体系的研究"，通过人员伤亡的预测方法将评价对象的硬件环境分为三类结构，并依据大量的文献研究确定了相关的评价指标。"基于土地沙漠化的遥感数据的评价指标体系"，直接利用调查数据建立评价体系。上述相关研究在数据获取阶段，公众参与度相对较低，数据获取的过程具有很强的主动性，因此对研究者和研究团队的专业水平要求高。

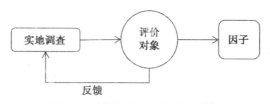

图 3-4 直接调查获取数据图示

除上述三种数据获取方法以外，还可以总结出其他很多方法。但是，无论选择何种方法，其过程都需要进行大量的文献研究来获取基础的数据。所以，文献的研究是数据获取阶段的基础过程，对相关评价体系成果进行提炼是十分必要的。

二、整合数据

在获得初步数据或评价因子后需要进行数据分析，以修正评价因子，从而建立初步的评价体系。在多数课题的数据获取结论中，准则层、一级因子、二级因子其实已经初步总结出来，框架实则已经初步建立，只不过各层级的评价因子还需要进一步的分析。这一过程将会对评价因子进行大幅度的修正，其中包括评价因子在各层级的升降级、评价因子的筛除以及评价因子的补充。

对初步获取的评价因子进行分析的过程，其实就是评价因子的修正过程，经过对一定数量相关文献的研究，作者发现其过程可以总结为主动修正过程和被动修正过程。主观修正过程即研究者直接对评价因子进行筛除、升降级和补充。客观修正过程即研究者借鉴行业内专家意见、公众意见等对评价因子进行修正。以下是对主观和客观修正过程进行的具体阐述。

1. 数据的主观修正

主观修正包括数据的整理与分析，其中数据的整理、分析是一个主动修正评价因子的过程。在数据回收后，首先要进行的工作就是数据的整理。无论是问卷、访谈数据还是拍照、取样数据，都需要回归到需要获取的评价因子上。在数据获取过程中已经讲到，通常在进行实际调研之前研究者们已经通过相关研究大量地获取了可能符合要求的评价因子。而实际调研正是在此评价因子的基础上进一步获取相应的数据，将二者数据进行整理可以建立起最终评价因子的数据库。

数据的分析是为了对评价因子进行检验，具体分析方法又包括主观分析法和客观分析法，采用何种分析方法主要依据所获取的数据性质。通过访谈所获取的观点不能够直接判断预设评价因子的合理性，同时实际踏勘获得的资料不足，便需要研究者进行主观的分析和判断。例如，某次访谈中被访者建议增加某一评价因子，是否增加这一评价因子，需要研究者们通过主观分析来判断。通过问卷所获取的数据具有客观性，它应当采用客观分析法。例如，将数据录入设计好的相关表格进行分析，若某一预先设定的评价因子在大量数据中显示出明显的异质性，则需要对这一评价因子进行修正。

2. 数据的客观修正

数据的客观修正是评价因子被动修正的过程，包括调查问卷、专家判断等方法。客观修正并不代表主观不介入，而这个过程通常是在主观修正的基础上进行的，实则是对主观修正过后的评价因子再次检验和修正。进行客观修正需要研究者做好充分的工作准备，研究者需要掌控好该工作的全部过程，而公众、专家等应当作为参与者被动介入，按照设计好的工作方法和过程完成自己的工作。

运用德尔斐专家法就是一个典型的客观分析数据的方法。德尔斐专家法是一种常用的工作方法，具体操作过程就不再赘述。作者将主观修正过后所获取的评价因子重新设计成方便专家评判的表格工具，从中获取相应的数据后再次进行修正的过程。除了专家的客观打分外，还可以征求专家的主观意见，这些意见同样需要研究者进行主观的分析和判断。

通过一系列的数据分析过程，对评价因子进行修正。已建立的初步评价体系的形式具有不确定性，这主要与研究者建立评价体系框架的主观性有关。例如，某课题初建的评价体系自上而下包括：目标层、准则层、一级因子层、二级因子层。而另一课题的评价体系不仅包括前四个层级，还包括三级因子层、指标层等。层级的设定主要与课题研究的深度或广度有关，根据不同的需求所最终建立的评价体系自然也有深度和广度的差异。因此，本书在确定评价体系的框架的时候，必然对本书研究的具体情况进行分析，以创建合理的评价体系框架。

三、实证检验

实证检验即是将初步建立的评价体系植入样本进行实验性检验，以此对评价体系进行检验与修正，并建立最终评价体系及评价的过程方法。不同的评价对象具有各自特殊性，因此，运用评价体系对不同样本进行评价的过程方法并非固定不变。

此过程还需要数理分析，即为客观性分析，是否运用数理工具分析评价因子要依具体课题研究而定。一些课题研究的评价因子主观性过强，是不适用数理分析来深入研究评价体系的，这些课题只能通过主观性分析来修正评价体系乃至设定评价因子权值。上文对初建评价体系过程中的专家评价即是一种主观分析和判断的研究过程，例如研究评价对象的美丑所需要的视觉感官类评价因子就带有很强的主观性色彩。

数理分析即是对评价体系进行数据分析，利用各种数理软件快速完成复杂的分析与计算过程。将所获得的评价因子进行定量化处理，同时进一步修正评价体系，最终建立的评价体系可以应用于不同对象的评价实践，是一套符合共性需求的评价工具。但是，不同的评价对象具有各自的特殊性，在实际应用的时候还需要进一步针对样本进行数理分析，根据分析结果更新已建立的评价因子，最终建立适用具体评价对象的评价体系。由于不同评价对象所适用的评价体系需要通过相关分析进行修正，所以设定评价因子的权重建立在明确具体评价对象之后更为合理。

本书采用 AHP 层次分析法检验并建立评价体系，其分析结果的有效性已经得到了长期研究、实践的检验。作者利用 SPSS、YAAHP、EXCEL 等数理分析软件的辅助进行分析，高效快捷且科学有效。

第二节 中小学校防灾韧性评价因子构建

自然生态学的理论认为，一般系统较为复杂的生态系统在受到小型外力干预时是不容易被破坏的，然而一旦被破坏则难以被恢复。较为简单的生态系统却正好相反，受到外力后很容易被破坏，但是即使被破坏也能较快恢复。

借鉴生态系统的特性，韧性可以理解为一个平衡点，既有较强的抵抗力，又有较强的恢复力。那么定义防灾韧性就必须将承灾体的方方面面进行细致的拆解，再分析。如同生态系统中的不同生物种类，学校的规模、建筑物质量、空间形态等一系列的因子能够相互作用并产生影响。对单一因子进行分析是无法评价承灾体的韧性的，承灾体内部各个元素相互作用并构建系统的关系才能体现其韧性属性。所以最终选取的评价因子不仅要涵盖抵抗性的评价因子，还应涵盖恢复性的评价因子，同时还应把控好最终评价体系的刚性和弹性的度。最终建立起来的评价体系才能拥有防灾韧性这一核心属性。

一、评价体系构建原则

1. 系统性原则

评价体系必须形成系统，各评价因子之间必然具有相应的逻辑关系。从宏观、中观、微观层面的评价因子建立过程能够有效地控制好系统的稳定性，这种自上而下的构建过程还需要控制好评价因子之间以及各层级之间的独立性与关联性。

2. 动态性原则

由于评价体系具有工具性，而评价对象具有不确定性，一套静止不变的评价体系无法对所有的对象进行评价。具有动态性的评价体系建立过程能够针对不同的评价对象作出适应性调整，对已构建的评价体系进行科学的更新才能保证评价体系的长久活力。

3. 科学性原则

最终所获得的评价体系必然是科学可靠的，因此建立评价体系的过程也应当经过科学严谨的推导。科学合理的研究方法还能保证研究过程的可操作性，特别是评价因子的获取阶段，数据获取的科学性十分关键，它直接关系到最终结果的有效性。

4. 实操性原则

本书最重要的研究成果应当是具有很强实操性的研究工具，它能够用于实际学校防灾韧性能力的评价工作。实操性的关键在于对评价对象的可量化评价，因此评价因子的定量化处理非常重要。

5. 综合性原则

防灾韧性的评价体系的综合性可以保障其评价的全面性。评价体系涵盖灾害的全时段，包括与防灾相关的硬性因子和软性因子。从物理因子到非物理因子综合性地对样本进行评价，才能得到科学可靠的评价结果。

二、评价体系构建设计

在上文中，作者拟采用分析灾害的时间区段关系的方法来建立宏观的韧性框架。韧性框架的建立是控制评价因子的基础，是评价体系构建设计过程中的关键环节。三大基础性步骤也为本书评价体系的建立提供了支持，获取数据、初建体系、数理分析是大多数评价体系建立的基础过程。因此，在建立韧性控制框架之前必然进行大量的文献研究和初步调研，获取一定数据之后与韧性因子框架相结合以建立初步评价体系。具体步骤如下。

1. 分析相关研究,提取相关评价因子

通过相关研究可以提炼出大量的数据，但是在文献的选择上也必须有清晰的方向，不可盲目阅读。在文献的选择上主要从两个大的方面进行控制：其一是与防灾相关的文献研究，如中小学校的防灾减灾；其二是从韧性相关的文献研究，如作为当前研究热点的弹性城市。案例的选择在精不在多，对案例分析获得的评价因子必须与防灾韧性相关。

2. 建立评价因子库

此时所获得的评价因子是经过三个提炼过程而来：第一，相关研究所获取的评价因子，这些评价因子主获取要由作者独立完成，需要通过主观分析来筛选和归纳；第二，自然基金项目组进行三轮内部探讨，在第一步所获取的评价因子基础上进行筛除、补充、更新；第三，咨询专家意见，通过寻求行业内一定数量的专家意见，再经过项目组内部讨论，进一步对评价因子库进行更新。

3. 初建评价体系

评价因子库中各评价因子之间只有简单的层级关系，并无

宏观体系，需要对评价因子进行进一步筛选和修正。本书构建评价体系的方法是通过建立框架来获取符合要求的评价因子，通过建立韧性框架来控制评价因子，以保证最终评价体系的韧性属性。韧性框架的建立是这一阶段的基础工作。上文在评价框架的建立中已经对韧性框架建立的切入点进行了分析，通过对灾害时间分段切入所建立的框架可以全面覆盖符合防灾韧性的评价因子。

作者通过对四个时间段即平时、灾时、重建、复兴进行分析，寻找到中小学校在四个时间段中最重要的方面并进行总结。针对各时间段的重点来分析并获得准则层，平时的重点在于防灾和抗灾能力；灾时的重点在于应急响应的能力；重建的重点在于恢复的效率；复兴的重点在于能力的提升。设计出与四个时间段重点相关联的四个准则层，即硬件设施、应急管理、灾后重建、灾后复兴。四个准则层分别对应四个时间段，以各准则层为基础向下建立一级评价因子层和二级评价因子层，如图3-5为建立的韧性框架。四个准则层并非完全对应四个时间段，如平时时段不仅包括硬件设施的防灾能力的因子，还应包括防灾教育、防灾体制等防灾管理方面的因子。建立清晰系统的框架，需要依据每个时间段最重要的因素设立准则层，而次要的因素合并到其他时间段的准则层内。

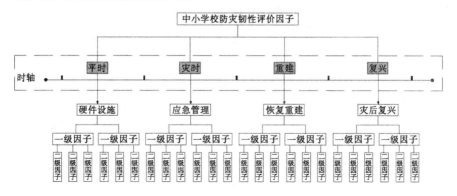

图3-5 韧性框架

4. 实证研究

通过对研究范围内的典型样本进行实际调研修正评价因子，将初步建立的评价体系设计成问卷，对相关人进行调研所获得的数据可以作为评价体系修正的依据。调研分为初次调研和二次调研，初次调研包括问卷调研、访谈式调研、实地踏勘，二次调研以问卷调研为主。通过分析两次调研所获取的数据对评价因子进行修正，最终获得科学合理的评价体系。

5. 数理分析

数理分析的主要目的是为了更深入地分析已建立的评价体系，研究各评价因子之间的内部关系，并进一步修正评价体系。数理分析还可以对评价因子进行定量化分析，对评价因子赋加权值，将已建的评价体系工具化。前文已经就数理分析可以选择的软件进行了介绍，本书拟采用"SPSS"分析软件对评价体系进行数理分析。

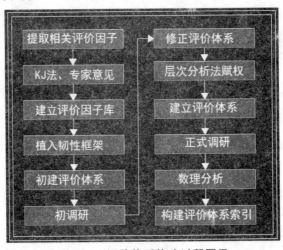

图 3-6 评价体系构建过程图示

尽管相关评价体系的建立没有强制性的规范或准则，但是针对具体课题的具体情况，可以设计出一套科学合理的构建方案。作者首先通过对已有文献进行分析，总结出行业内建立评价体系的一般过程，在此基础上有针对性地建立起符合本书的评价因子构建过程方法。然后分析中小学校防灾因子的特殊性，作者选择了通过建立框架获取评价因子，最终建立了一套满足防灾韧性需求的韧性框架（图 3-6）。

第三节　构建评价体系

一、相关评价因子获取

最初获取的数据来源于相关的文献研究，通过对领域内已构建的相关评价体系进行分析，可以提取初步的评价因子。在相关评价体系的选择上，需要注意两个方面的问题：其一，所选用的评价因子与中小学校的关联性，应尽量选择与中小学校防灾相关的评价体系，如中小学校通常拥有较大的开敞空间，评价体系中应包含开敞空间相关的评价因了；其二，所选用的评价体系应包含"硬件防灾"和"软件防灾"的相关评价因子，从硬件到管理对评价因子进行涵盖才能满足"韧性防灾"的需求。以下为领域内与课题相关的评价体系的示例。

1. 城市防灾基础设施评价体系

频繁的自然活动与人为活动导致了城市环境乃至地球环境变得越来越脆弱。城市防灾减灾作为当代全球最为关注的话题之一，已经成为现代城市重要的社会公共事务。城市系统正常的运行，是以能源动力系统、水资源及供排水系统、交通运输系统、邮电通信系统、生态环境系统和安全防灾系统所构成的基础设施系统为基础的。防灾基础设施作为城市基础设施系统中的重要组成部分，需要建立科学的层级结构，在遵循完备性、科学性、简洁性、预测性、可操作性五项基本原则的基础上分析其影响因素，从而构建合理的评判指标体系。

该研究在大量的社会调研及文献阅读的基础上，结合城市防灾基础设施的特点，运用系统工程的基本理论和方法，以全生命周期理论为指导，运用层次分析法、1-9标度法、专家打分等科学的方法，系统地提出了城市防灾基础设施评价体系指标集。指标集分为三个阶次，共15项具体指标，其具体的安全评价因子集如表3-1所示。

表3-1 城市防灾基础设施安全评价因子

目标层	准则层	一级因子层
城市防灾基础设施安全评价因子集	规划 B	B1 设备吻合度历史评价
		B2 设施总体布局
		B3 设施选址
		B4 场地勘探
	设计 C	C1 设防等级
		C2 技术先进性
		C3 技术可靠度
	建设 D	D1 建筑材料质量
		D2 承包商选择
		D3 工程管理水平
		D4 第三方监测力度
	运营及维护 E	E1 运营模式
		E2 日常负荷水平
		E3 定期检修及维护
		E4 设施更新

2. 城市综合防灾与减灾评价体系

城市综合防灾与减灾能力是衡量一个城市在面临灾害时的抗御能力及恢复能力的重要指标，是城市安全减灾决策的重要依据。国内外基于大量的研究分析，建立了城市防灾减灾能力评估指标体系、城市综合防灾应急能力评价指标体系、城市承灾能力评价指标体系，为城市防灾评价体系的相关研究提供了参考依据。

以完备性、针对性、可比性和客观性四项基本原则为前提，城市综合防灾与减灾评价体系的建立，需要从城市灾害危险性、易损性和承灾能力三方面来考虑。作者基于概率论原理，利用实用概率方法进行城市综合防灾与减灾的评价，从而形成了一个目标、三个准则、18 项指标因子的城市综合防灾减灾评价指标体系。其具体的评价因子集如表 3-2 所示。

表 3-2　城市综合防灾减灾评价指标体系

目标层	准则层	指标层
城市综合防灾减灾评价指标体系	灾害危险性指标 X1	地震烈度 /（度）X11
		24 小时最大降雨量 /（mm）X12
		年大风日数 /（日）X13
		年降雨量 /（mm）X14
		年火灾次数 /（次）X15
	易损性指标 X2	灾害密度 /（次 /km^2）X21
		人口密度 /（千人 /km^2）X22
		下水道密度 /（km/km^2）X23
		交通干线密度 /（km/km^2）X24
		生命线易损模数 /（人 / 年）X25
		经济密度 /（亿元 /km^2）X26
	承灾能力指标 X3	万人大学生数 X31
		灾害信息发布能力 X32
		应急预案编制程度 X33
		人均道路面积 /（m^3/ 人）X34
		人均社会产值 /（千元 / 人）X35
		万人电话数 /（部 / 万人）X36
		万人病床数 /（床 / 万人）X37

3. 城市防灾避险功能评价体系

应急预案是大多数国家和政府都能够做到且比较成熟的，但相应的城市防灾避险场所在以前却没能引起人们很好的重视，所以在经历过 2008 年汶川大地震后，全国对于防灾避险场所的规划有了空前的改进。但由于城市防灾避险系统的复杂性，涉及防灾避险系统的因子是众多的,有些指标目前仍难以量化,所以在评价因子选择过程中,要遵循科学性、系统性、可操作性、可比性、因地制宜、定性与定量相结合和动态性等原则。

该研究针对于城市防灾避险评价体系,运用层次分析法和专家打分法构建了分层次评价体系,形成了城市环境、城市绿地防灾避险空间结构、防灾避险绿地布局定量指标和应急避险设施等四项准则,以及相关方面紧密联系的 14 个指标和 49 个因子构成评价体系,其具体的评价因子集如表 3.3 所示。

表 3-3　城市防灾避险功能评价体系

目标层	准则层	指标层	因子层
城市防灾避险功能评价体系	城市环境	自然环境	主要灾害类型及分布
			地形及地貌
			水文条件
			地质条件
		人为环境	人口密度
			城市发展状况
			人的行为模式
	城市防灾避险空间结构	建筑体系	建筑抗震等级
			建筑分布密度
			建筑高度
		城市防灾避险绿地体系	绿地总量与规模
			绿地布局情况
			绿地功能相对完善性
			绿地功能均衡情况
			绿地、绿道连接度
		交通体系	交通运输道路等级结构
			交通运输道路网密度
			道路布局模式

目标层	准则层	指标层	因子层
	防灾避险绿地布局定量指标	防灾公园	防灾公园数量
			防灾公园面积
			服务半径
			人均有效面积
		临时/紧急避险绿地	人员容量
			人均布度
			服务半径
城市防灾避险功能评价体系	防灾避险绿地布局定量指标	隔离缓冲绿带	绿带宽度和长度
			构成防御圈完整度
			植物配置合理程度
		绿色疏散通道	宽度和长度
			绿色疏散通道连续度
			与避险收容场所连接度
			两侧建筑物退红线距离
	城市应急避险设施系统	生活设施	厕所数量及分布
			净水、供水装置数量和分布
			临时帐篷区面积
			物资储备室数量和分布
			供电装置数量及分布
		医疗设施	医疗救助室分布
		交通及通信	停机坪
			逃生路线示意标志
			广播设施
		消防设施	消防器械
			消防用水
			监控系统
			消防通道
		应急软件	灾害预警
			政府应急指挥
			民众自救知识
			防灾演练

4.社区防灾减灾能力评价体系

防灾减灾型社区的概念是随着现代社会的发展而产生的。尽管近年来国家已经加大了对安全社区建设的重视力度，但政府主导的应急管理模式、落后的应急配置、尚未普及的应急文化、社区与公众的参与度低，以及防灾减灾工作并未系统化等大量问题还仍然存在，各地社区的防灾减灾能力参差不齐，很少有能够量化的指标。因地制宜地解决各城市社区防灾减灾能力的评估问题，将对科学长效地提升社区的应急能力起到十分重要的作用。

该研究还大量研究了社区防灾减灾的内外影响因素，在遵循代表性、科学性、可操作性、系统性、定量与定性相结合的基本原则下，运用了层次分析法和模糊综合评价法甄选相关评价指标因子形成了以一个目标、五个准则、15 个要素和 72 个因子为框架的评价体系。其具体的评价因子集如表 3-4 所示。

表 3-4　社区防灾减灾能力评价体系

目标层	准则层	要素层	评价指标
社区防灾减灾能力（A）	社区灾害预防能力（A1）	社区灾害监测预警能力（A11）	已有灾害监测预报能力（A111）
			潜在灾害预测预报能力（A112）
			预警技术能力（A113）
			预报准确性的高低（A114）
			预警设施的完备情况（A115）
		社区防灾建设能力（A12）	土地利用规划情况（A121）
			工程防御的整体能力（A122）
			工程预防中的技术能力（A123）
			社区生命线工程的强弱（A124）
			社区防灾准备措施情况（A125）
			社区防灾减灾管理组织体系（A126）
	社区灾害控制能力（A2）	社区灾害风险识别能力（A21）	社区灾害辨别能力（A211）
			社区脆弱性评估能力（A212）

目标层	准则层	要素层	评价指标
社区防灾减灾能力（A）	社区应急救援能力（A2）	社区应急预案水平（A22）	社区应急法律法规完备程度（A221）
			社区应急计划制定与实施情况（A222）
			社区应急预案制定（A223）
			对居民应急知识的培训（A224）
			社区应急预案难（A225）
			社区减灾规划的设计（A226）
		社区基层政府控制能力（A23）	应急反应时间（A231）
			资源整合能力（A232）
			组织动员能力（A233）
			协调控制能力（A234）
			市场秩序维护能力（A235）
			社会秩序维护能力（A236）
			灾后紧急疏散与安置能力（A237）
	社区应急救援能力（A3）	社区组织应急救援能力（A31）	灾害应急预案的编制情况（A311）
			指挥部门到达现场的速度（A312）
			现场指挥救灾能力（A313）
			救援政策完备程度（A314）
			灾害信息发布能力（A315）
			医疗救助能力（A316）
		社区居民反应能力（A32）	居民防灾减灾素质（A321）
			居民自救互救能力（A322）
			居民心理承受能力（A323）
		社区企业应急救援能力（A33）	企业应急预案编制情况（A331）
			企业应急队伍响应速度（A332）
			现场指挥救灾能力（A333）
			救援政策完备程度（A334）
			灾害信息发布能力（A335）
			医疗救助能力（A336）

目标层	准则层	要素层	评价指标
社区防灾减灾能力（A）		非政府组织应急救援能力（A34）	社区志愿者队伍响应速度（A341）
			现场指挥救灾能力（A342）
			灾害信息发布能力（A343）
			医疗救助能力（A344）
	社区灾后恢复与重建能力（A4）	社区灾后恢复重建能力（A41）	制定恢复计划（A411）
			居民生命线恢复能力（A412）
			灾后补偿能力（A413）
			经验总结能力（A414）
			长期重建能力（A415）
			政策支持能力（A416）
		居民灾后恢复重建能力（A42）	居民灾后恢复能力（A421）
			居民灾后心理重建能力（A422）
		灾害损失评估能力（A43）	经济损失评估能力（A431）
			人员损失评估能力（A432）
			应急技术应用评估能力（A433）
			受灾人员需求评估能力（A434）
			灾后评估能力（A435）
	社区资源保障能力（A5）	社区资源储备能力（A51）	社区应急物资储备能力（A511）
			社区应急设施或场所储备能力（A512）
			社区应急人员储备能力（A513）
			社区应急资金储备能力（A514）
			社区灾害信息系统准备能力（A515）
		灾时资源供给能力（A52）	应急物资调运（A521）
			物资的统计和发放（A522）
			物资保障队现场能力（A523）
			技术支持能力（A524）
		灾后资源保障能力（A53）	灾后资金支持能力（A531）
			灾后物资保障能力（A532）
			灾后人员保障能力（A533）

目标层	准则层	要素层	评价指标
			灾后技术支持能力（A534）
			装备保障能力（A535）

5. 城市防灾工程设施评价体系

城市灾害种类的复杂性阻碍了城市可持续发展进程，对于城市防灾工程的需求也多种多样。针对城市防灾工程设施规划，安全防灾规划是以各部门制定的防灾专业规划和根据灾害事故种类制定的应急处置预案为主导，但对于城市防灾工程而言，相关的综合规划、设施布局等仍缺乏有效的系统资源整合。

针对上述问题，该研究以 AHP 方法为主干，以其他的一些综合的图形学、拓扑学、数学、统计学的方法为辅助，构造权重判断矩阵，形成了带权重因子的城市防灾工程设施评价指标体系，这对于综合防灾规划的拓展有着非凡的意义。该城市防灾工程设施评价体系涉及气象灾害、地质灾害、火灾这三大类型的相关防灾工程设施，包括城市防灾减灾规划、城市防灾空间、城市综合防灾应急能力三大准则，以及相关的 25 项指标，具体的城市防灾工程设施评价因子集如表 3-5 所示。

表 3-5　城市防灾工程设施评价体系

目标层	准则层		指 标 层
城市防灾工程设施评价体系	城市防灾减灾规划		城市消防规划
			城市防洪（防潮汛）规划
			城市抗震规划
			城市人防规划
	城市防灾空间	防灾建设空间	消防、处险设施
			治安机构
			医疗救护机构
			指挥和预警系统
			物资储备设施
			生命线系统

目标层	准则层	指 标 层
		环卫设施
		交通网络
		防灾（火、洪、涝）区划带
		绿地、公园、广场、空地等
		大规模住宅区、机关、学校用地
城市防灾工程设施评价体系	城市综合防灾应急能力	政府部门
		消防部门
		医疗部门
		警察部门
		交通部门
		物资部门
		财政部门
		环卫部门
		电力部门
		水利部门

6. 学校安全评价体系

学校是从事科学技术研究和培养人才的重要基地，因此提升学校安全管理水平，是一项迫在眉睫的工作任务。分析学校安全工作现状并指出学校安全管理工作中存在的隐患，建立相关的安全评价体系，能为学校的安全标准提供相应的划分依据。

该研究针对影响学校安全的因素多，且各因素间存在不确定性的特点，提出了一种基于层次分析法的安全评估方法。运用层次分析法建立学校评估体系，构建评估矩阵，确定指标的权重，对指标相对重要性进行排序，并根据评估的结果，提出加强学校消防安全工作的具体对策。学校安全评估体系包括一个目标，三个准则及 11 个指标因子，具体的评价因子集如表3-6所示。

表 3-6　学校安全评价体系

目标层	准则层	指标层
学校安全评价指标体系	学校消防安全管理水平	消防安全制度
		组织机构
		消防安全检查
		消防宣传培训
		灭火预案制定及演练
学校安全评价指标体系	学校抗御火灾能力	消防设施器材配置
		疏散通道布置
		建筑平面布局及其构造
	师生消防安全水平	消防安全意识
		扑救初起火灾能力
		逃生自救能力

7. 校园公共安全应急能力评价体系

随着义务教育的普及，在校学生的人数日益增多，而相应的影响校园安全的不稳定因素也愈来愈多，发生涉及学生安全的事件不断增加，为校园公共安全应急管理工作提出了新的要求。近年来，许多学者针对校园公共安全进行研究，但涉及的研究层面不广，大多是研究单因素，不足以从宏观上统揽校园公共安全的全貌，所以构建校园公共安全应急能力评价的体系，对于预防校园公共安全突发事件有巨大的作用。

该研究以系统性、科学性、单一性和同质性、可量性、非因果性和排斥性等原则为基础，运用以人为本的人物环境系统分析模型和安全分析模型构建了多层次评价体系。主要包括 4个一级指标、14个二级指标、42个三级指标，具体如表 3-7所示。

表 3-7　校园公共安全应急能评价体系

目标层	一级指标	二级指标	三级指标
校园公共安全应急能力评价	高校突发事件应急管理执行能力	战略决策	组成机构
			制度保障
			信息沟通
			应急处理
		突发事件准备能力	预案的制定和相关演习
			物质设备设施等方面的准备
		突发事件预警能力	高校突发事件的警源分析
			警兆分析
			警报发布
校园公共安全应急能力评价	预备与准备能力	突发事件善后能力	恢复高校的形象
			重建高校社会秩序
			总结经验教训
			完善突发事件管理体制
		应对机制建设	应急预案
			应急信息平台建设
		安全教育能力	公共安全宣传与教育
			应急演练
			国际交流合作
		风险控制与预警能力	安全监测系统
			风险分析与隐患排查
			预警系统
			警示措施
		组织队伍建设能力	应对机构设置
			应急人员比例
			应急人员专业素质
			应急人员培训
		物资准备能力	安全保护措施
			医疗救护设备
			应急物质储备

目标层	一级指标	二级指标	三级指标
			应急资金
			紧急决策
		指挥能力	预案启动与执行
			应急人员调动
	处置能力		救助与人员安置
		现场控制能力	事态的动态评估
			警戒与治安
		应急协调能力	信息采集与发布
			人员沟通与协调
校园公共安全应急能力评价			事故原因分析
		事后处置能力	责任追究与处置
			损失评估
	恢复能力		处置过程的总结分析
			校园秩序恢复
		恢复建设能力	设施重建
			教学与管理制度重建
			心理辅导

8. 中小学抗震能力评价体系

中小学生的防灾意识相对薄弱。在 2008 年汶川大地震后，中小学的抗震能力引起了全球的瞩目，提高中小学校的抗震减灾能力迫在眉睫。当前首要任务就是对我国中小学校抗震能力进行综合评价，以便采取有效的措施，提高抗震减灾能力，确保中小学生的生命安全。

对于这个问题，该研究结合层次分析法和灰色理论，针对中小学校抗震能力评价的特点，采用多层次灰色评价方法，根据层次分析原理确定每个评价指标的权重，运用专家打分，建立白化权函数，消除分值的灰色成分令其白化，最终得到中小学校抗震能力的量化值，从而构建了合理的中小学抗震能力评价体系，该体系包括一个目标，3个准则、4个指标以及12个二级因子，其具体的抗震能力评价因子集如表3-8所示。

表3-8　中小学抗震能力评价体系

目标层	准则层	一级因子	二级因子
中小学抗震能力A	人员伤亡B1 震后损失B2 震后恢复时间B3	学校抗震规划C1	学校布局选址D1
			功能分区D2
			交通组织D3
	人员伤亡B1 震后损失B2 震后恢复时间B3	学校工程性设施抗震能力C2	抗震设防D4
			建筑年代D5
			结构类型D6
			平面形式D7
			场地条件D8
		紧急疏散救助和震后恢复重建能力C3	紧急疏散救助D9
			震后恢复重建D10
		学校及城市地震灾害管理能力C4	学校震害管理D11
			城市震害管理D12

二、韧性评价体系构建

通过对相关评价体系的分析，作者对相关评价因子进行筛选、调整和补充。筛选即对相关评价体系中评价因子进行筛选，上文中所列举的评价体系为典型举例，但是所获取的评价因子的来源不限于上文中的相关研究。调整即评价因子含义的调整，如将某名称为"道路的设计"改为"道路的规划"，设计包含道路的工程因素，而规划强调道路的功能合理性。补充即根据防灾韧性的含义进行主观性补充。

为了使初步获取的评价因子韧性化，作者对评价因子进行了初步的整理，但是并未直接套用韧性框架来对评价因子进行修正，目的是为了保证评价因子所包含的范围足够广。前文中讲到防灾韧性包括对灾害的硬件防灾和软件防灾，不仅强调对灾害的抵抗力，还应强调对灾害的应急能力和受到灾害过后的恢复能力。将评价因子覆盖到防灾的抵抗力、应急、恢复三个方面即可保证评价因子的韧性化。

为了使评价因子符合防灾韧性的要求，这里将评价因子分为物理环境方面、防灾管理方面、恢复重建方面，其中恢复重建涵盖灾后复兴的内容。作者针对中小学校防灾所能涵盖的所有因素进行了认真总结和分析，主要从学校硬件与管理方面进行归纳。

最终获得的评价因子包括 15 个上层级评价因子和 47 个下层级评价因子。在此阶段所获得评价因子只能保证其符合韧性属性，各评价因子之间并未形成框架式的结构关系。由于获得评价因子的工作是由作者独自完成的，因此具有很强的主观性和不完整性，需要进一步进行研究和分析。

基金项目组内部针对作者获取的评价因子进行了两轮的修正讨论，即 KJ 法研究过程。第一阶段，就获取的评价因子进行讨论和修正，发现此轮获得的评级因子主要问题是评价因子名称的含义不清，如"生命线工程组织"宜改为普适性的名称即"生命线工程"，又如"基础服务恢复"与"生活建筑恢复"含义有交叉。第二阶段，是将修正过后评价因子列入韧性框架之中，这个阶段是在作者依据第一轮的意见对评价因子进行修正过后将韧性框架套入进来，以初步建立评价体系。具体的过程是基金项目组讨论将所有评价因子依据韧性框架进行分类和归纳。此过程还需对评价因子进行调整，主要是评价因子的所属和层级关系的调整。在已建立的准则层的基础上，原则上将上层级的评价因子归纳为一级因子，将下层级的评价因子归纳为二级因子，同时通过项目组的主观分析来构建准则层与一级因子、一级因子与二级因子的层级关系。

在韧性框架的基础上，项目组进行 KJ 法研究并寻求数位专家意见之后，最终建立的评价因子如下。

目标层为：中小学校防灾韧性评价因子体系。

准则层为：硬件设施、应急管理、恢复重建、灾后复兴。

一级因子层为：学校环境因子、交通因子、建筑因子、基建因子、政策机制因子、防灾教育因子、应急管理因子、硬件设施重建因子、心理重建因子、功能恢复与重建因子、政府能力因子、社会机构救助因子、社区内外互助因子、学校自我防灾能力因子。

二级因子层为：校园规划设计、灰空间、学校选址、校内外道路交通、学校建筑质量、建筑节能效果、建筑内部空间、建筑间距、建筑造型、治安设施、基础设施情况、政府政策、学校管理机制、防灾教育体系、防灾应急演练、防灾自救意识、应急预案、应急信息系统构建、学校对外救助与收纳、应急通道与避难场所、医疗卫生保障、硬件设施重建速度、硬件设施重建质量、建设资源管理、心理干预、心理恢复力、基础设施重建、校内外道路交通重建、常规教学功能恢复、基本生活功能恢复、政府的相关政策改进、政府的应急组织效率提高、相关法律的完善、社会机构资助加强、社区与学校联系加强、社区自我防灾能力的提升、民众防灾意识提高、公众参与度提高、学校硬件防灾能力的提升、学校防灾体制的完善、学校自主救助能力的提高。

通过层次分析法进行一系列的计算与分析工作，最终建立的评价体系具有全面、清晰的层次模型和各层次因子的相对、绝对权重。最终建立的评价体系如表3-9所示。

表3-9　最终评价体系及权重

目标层		第一层级 准则层			第二层级 一级因子层				第三层级 二级因子层			
	权重 绝对		权重 绝对	排序		权重 相对	权重 绝对	排序		权重 相对	权重 绝对	排序
中小学防灾韧性评价体系	1.0000	硬件设施（B1）	0.4069	1	学校环境因子（C1）	0.2437	0.0982	3	校园规划设计（D1）	0.3024	0.0202	2
									学校选址（D2）	0.4250	0.0542	1
									灰空间（D3）	0.0958	0.0087	3
									校内外交通（D4）	0.1767	0.0152	4
					建筑因子（C2）	0.5015	0.2077	1	学校建筑质量（D5）	0.6176	0.1321	1
									建筑内部空间（D6）	0.1784	0.0388	2
									建筑间距（D7）	0.1435	0.0251	3
									建筑造型（D8）	0.0605	0.0116	4
					基建因子（C3）	0.2548	0.1010	2	治安设施（D9）	0.3753	0.0206	2
									基础设施（D10）	0.6247	0.0804	1

续表

目标层	目标 权重 绝对	第一层级 准则层	权重 绝对	排序	第二层级 一级因子层	权重 相对	权重 绝对	排序	第三层级 二级因子层	权重 相对	权重 绝对	排序
中小学防灾韧性评价体系		应急管理（B2）	0.277 5	2	管理因子（C4）	0.535 1	0.151 6	1	政府政策（D11）	0.239 1	0.035 1	3
									学校防灾管理体系（D12）	0.464 3	0.070 9	1
									防灾教育（D13）	0.296 6	0.045 7	2
					应急因子（C5）	0.464 9	0.125 9	2	应急预案（D14）	0.308 5	0.039 5	2
									应急信息系统（D15）	0.265 5	0.026 7	3
									防灾应急演练（D16）	0.426 0	0.059 7	1
		恢复重建（B3）	0.174 4	3	硬件重建因子（C6）	0.417 6	0.074 3	1	重建速度（D17）	0.280 9	0.018 5	2
									重建质量（D18）	0.719 1	0.055 9	1
					心理重建因子（C7）	0.195 7	0.034 4	2	心理干预（D19）	0.348 3	0.013 7	2

目标层	目标权重 绝对	准则层	第一层级 权重 绝对	排序	一级因子层	第二层级 权重 相对	第二层级 权重 绝对	排序	二级因子层	第三层级 权重 相对	第三层级 权重 绝对	排序
中小学防灾韧性评价体系		灾后复兴（B4）	0.141 2	4	功能恢复因子（C8）	0.386 8	0.065 6	3	心理恢复力（D20）	0.651 7	0.020 7	1
									基础设施恢复（D21）	0.274 7	0.017 8	2
									教学功能恢复（D22）	0.208 3	0.013 6	3
					政府能力因子（C9）	0.232 8	0.031 5	3	生活功能恢复（D23）	0.517 0	0.034 3	1
									相关政策改进（D24）	0.417 9	0.014 9	2
					社会与社区能力因子（C10）	0.311 2	0.048 0	2	相关法律完善（D25）	0.582 1	0.016 7	1
									社区防灾能力的提升（D26）	0.283 1	0.013 8	2
									防灾意识的提高（D27）	0.207 4	0.009 7	3

续表

目标层		第一层级			第二层级				第三层级			
目标		准则层	权重	排序	一级因子层	权重		排序	二级因子层	权重		排序
权重			绝对			相对	绝对			相对	绝对	
绝对												
					学校防灾能力因子（C11）	0.451 6	0.061 6	1	公众参与度的提高（D28）	0.319 2	0.015 3	1
									社会机构资助（D29）	0.190 3	0.009 1	4
									学校硬件防灾能力的提升（D30）	0.697 8	0.043 3	1
									学校防灾体制的完善（D31）	0.292 2	0.018 3	2

第四章 韧性学校选址研究

第一节 传统中小学校选址规划方法

一、传统中小学校选址规划一般步骤

中小学规划属于公共设施规划的一部分,《城乡规划法》中明确提出,城市发展建设需要优先考虑公共服务设施和基础设施的建设。通常来说,总体布局方法及步骤如下。

(1)布点:确定大致位置,与人口分布状况相匹配,明确需建中小学的数量。根据城市发展趋势合理预测适龄儿童人数。

(2)定性:明确学校类型,符合教育设施一般规律。对中小学布局现状进行调研,得到布局现状、单校规模等基础情况。

(3)定规模:基于当地千人指标对中小学校面积进行测算,估算用地规模,兼顾建筑规模、招生规模。基于当地千人指标对中小学校面积进行测算,一般来说用学生数量与规范规定的单个学生用地相乘从而确定学校规模,并根据学校所在区域的位置来确定学校与学校之间的间距。学校规划受到国家或当地规范标准的制约,通常通过从居住地到学校的步行距离来确定学校规划位置,通过运用国家规范标准确定学校规划容量。当然,规划标准根据各地不同的情况也会适当体现差异。

(4)定位:和周边环境、其他建设项目无冲突。中小学校布点适宜位置由服务半径和中小学校配置标准确定。服务区域

和非服务区域的常用确定方法是：以学校为圆心，以规定的一个固定距离为半径画圆，圆内为服务区域，圆外则为非服务区域。

（5）定时：如表4-1所示，在确定千人指标、单校规模、服务半径后，确定需要新建、扩建、改建、合并或近期、远期规划内的中小学校，保证学校数量满足未来城市发展的教育需求。

表4-1　中小学校选址布点规划的基础方法

常规三要素 （供需关系是基础）		
千人指标	单校规模	服务半径
具体执行时受以下方面条件制约		
人口分布不均匀 （密处多配、稀处少配）	老校、新校如何协同 （补缺、扩建、合并、撤销）	单校规模往往不标准 （有的偏大，又的偏小）

（宋小冬，2014）

二、中小学校选址基本原则

（1）均衡发展原则：按照该方法对城市的规划进行确定时，必须要对各种因素进行综合考量，包括人口的数量以及具体的分布情况。此外，还要包括人口的密度、交通、生源等情况。

（2）就近入学原则：为了使学生的入学能够更加方便，必须保障学生入学的方便性。

（3）集约化原则：在使用教育资源的过程中，应当尽量节约成本，这要求中小学校建设不仅要满足规范要求，更应具有一定规模。

（4）安全原则：中小学校的选址必须考虑到学生上学的便利性和安全性。

（5）分片区进行规划布局，不同片区区别对待：城市发展造成新老城区在用地条件上体现出不一致。在对教育资源进行规划的过程中，可以通过多种措施进行整合，包括迁、撤、合等，从而保障学校的规范化。老城区用地紧张，规划上对于老城区的学校必须要从以下几方面来进行考虑：首先，立足于空间布点对其需求进行满足，如果学校的规模比较小，则应采用撤点并校之类的改造方式。对于新城区，在用地方面的条件比较容易得到满足，所以在新城区对学校进行规划时，必须立足于长远的角度进行考虑。

（6）远近期结合、刚性弹性相结合：对于中小学的发展，必须要与国家相关规范相落实，同时也要立足于具体的实际需求，使弹性和刚性都能够得到有效满足。对于近期目标，需要在预测的人口以及分布和具体规模方面重点考虑，使学校的布局能够得到有效地调整，使基本指标能够具有适当性与超前性。就远期目标来说，应注重学校发展的长远性。

三、对传统中小学校选址规划方法的反思

通过对传统校园选址规划方法相关文献的阅读和调查，作者大致将其分为两个阶段：阶段一，首先对实际情况做出调查，通过对学位数、单校规模等数据进行采集进而判断需要撤销或合并等的学校有哪些，再通过对学龄人口规模的测算，推断新增学校数；阶段二，以当前学校所在位置为圆心，在地图上按服务半径划圆，若出现没有被覆盖到的服务盲区，就考虑在盲区附近布置新校。这种传统的选址规划方法最主要的缺陷如下。

1. 服务半径与学生上学可达性关联不足

我国现行教育设计规范《中小学建筑设计规范》《城市居住区规划设计规范》等规定："……中学是居住区级配建的城市公共服务设施，其服务半径不宜大于 1 000 米，小学和幼儿园是小区级配建设施，其服务半径不宜大于 500 米……"。为了避免中小学生在上下学过程中因交通因素带来的人身安全威胁，中小学服务半径的划分主要是基于城市道路等级的分类进行的。同样的，将中小学布局在居住区或小区周围，也能一定程度上规避过度择校这种教育资源浪费现象的发生。

随着国民经济的飞速发展，私家车的普及在一定程度上弱

化了交通因素对于学生入学所产生的影响，而服务半径只考虑了居住区与学校的直线距离，并没有对周边具体交通情况、居住区和公共设施进行详细了解，往往学生实际步行距离远大于服务半径。在老城区，单学校用地规模偏小，学校之间距离较近，且由于人口密度较高以及城市用地的紧张等多方面因素，服务半径大规模出现高度重叠状况，同时实际招生人数超量；在新城区，单学校用地规模在规划时为了预留足够的发展空间往往偏大，预设学位数量也较多，但实际情况是，新城区在发展初期阶段，人口密度相对较低，新设立的学校往往容易出现招生不满的情况，从而导致服务半径出现较明显的盲区。

2. 规划标准落后于城市发展需求

城市发展步伐、发展规划的不同，容易导致人口密度分布不均衡，如以高层建筑、电梯公寓为主的现代化高容积率居住社区，人口密度往往大于以多层和低层建筑为主的低容积率老旧社区、别墅居住区等。如果硬性地以服务半径指标来作为实际规划中的指导性和决定性因素，易导致部分中小学的规模不达标，学位不足，而另一部分中小学则有可能出现规模过大、招生不满的情况。

3. 教育资源分布不均衡

目前，我国对中小学校布局调整的研究大多从宏观的角度出发，在实际规划中，效率优先级高于公平性。并且，对于城市的不同地区，规范性指标也存在一定的不合理。现阶段教育设施规划通常基于国家或地方标准执行，如《城市居住区规划设计规范》《中小学建筑设计规范》。该标准规定了中小学、幼儿园等教育阶段的服务半径，但没有对城市不同地区的特点作出具体规定。如前文所述，城市新旧城区的中小学校服务范围显然具有盲区的，将现有指标用于划分服务区域，导致服务区域覆盖重叠或不完整，造成教育资源的浪费。

第二节　空间句法与中小学校选址规划相结合的优势

地理信息系统的发展推动了数据的可视化与图像化，而分析性的模型也被证明是有能力把建成环境的形态和功能特性联系在一起的。城市本身是动态演进的，虽然城市所处的自然、地理环境具有约束性，但是人们通过不断改善交通和生活方面的基础设施，不断改善交通工具和运输技术，也能使城市的硬件条件大大改善，使得交易效率大大提高。另一方面，人类进入了信息社会，通过信息化的建设，社会开放程度提高，城市当中的教育水平、人力资本方面的投入大大提高，这也促使社会的法制化程度越来越高。软件的改善，也能大大地提高各项工作效率。

一、空间分析定量化

空间句法已被广泛应用于各方面的城市发展与评估分析中，其理论和软件分析手段对城市道路系统可达性分析以及城市空间某一特定元素的局部穿行度研究有着极大的分析优势。作者认为，空间句法的优势在于能够将城市、街道、建筑等进行空间分析，即数字的量化，相对于传统的规划理论和空间研究来说更为准确。按照建筑学当中对于空间深度的理解，全局深度（Total Depth）比较小的元素，其可达性是较高的。如图 4-1 所示，假设有一个建筑物共有 11 个空间，首先可以将其平面图转换为由凸空间组成的空间系统，并进行空间关系的设定，然后对拓扑图形进行调整，最后得出全局深度的计算结果；通过对空间的量化分析，作者可以得到每一个空间的具体可达性数值，就能很直观地对建筑中每一个空间的可达性进行比较。基于此，作者可以更为客观和科学地进行下一步的研究和设计。

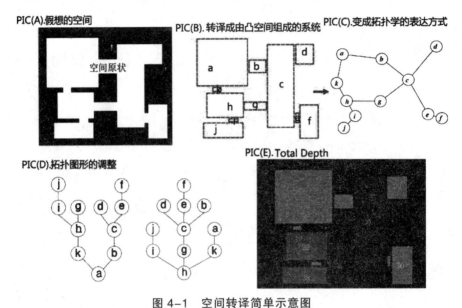

图 4-1　空间转译简单示意图

图片来源：作者自绘，改自 Hiller,1966

空间句法的这种数学建模的思路具有一定的稳定性，城市发展很多交易效率的硬件条件、软件条件，随着时间变化，都在发生变化。如果所有的变量都在变，就没法进行思考了。以某个不变的东西为基础去研究变量之间的函数关系，在逻辑上才说得通。

二、学生就学可达性优化

通过空间句法对可达性进行分析，具有全局深度、平均深度、连接值等变量，可以提供更加直观和可视化的城市空间模型，相对传统的规划选址方法更具有现实性和客观性。同时，对于服务半径的计算不再是以校址为圆心、范围为半径进行划定，而是以学生上下学路上所花费的实际距离来计算，避免传统定位服务区的缺陷，能够结合交通、环境对就学距离所产生的影响，从而对不同的位置进行定量分析，对中小学校选址布局进行进一步优化。

第三节　空间句法在中小学校选址规划中的应用

一、空间句法的应用步骤及方法

运用空间句法辅助中小学选址规划，需遵循相关规划的基本准则和技术指标，其对中小学选址规划的应用主要体现在对中小学空间位置的合理布局上。教育设施的布局受城市功能影响较大，且空间句法能对城市形态及道路网络系统进行定量分析，因此利用空间句法确认中小学的合理位置具有科学性与可行性。总体步骤及方法如下：

（1）确定相关规划指标：按照传统规划方法，根据城市发展趋势，合理预测适龄儿童数量，确定相关规划目标体系及学校最优办学规模效益等信息。

（2）进行现状分析：对当前中小学校空间布点及规模、办学现状进行调研，用空间句法或 ArcGIS 等相关软件对其服务半径进行空间结构分析，并提出撤点、并校、新增等建议。

（3）利用空间句法进行量化分析：根据研究指标建立城市相关空间模型进行量化分析，确定中小学适宜布点位置，结合土地利用性质和周边环境确定拟选址方案。由空间句法主要分析模型的特性可知，使用轴线模型或线段模型对城市道路交通进行分析较为准确，中小学校选址位置主要是从整体集成度及局部选择度（或穿行度）等几个方面来进行研究。

（4）利用空间句法对服务半径作出精确化定位：通过空间句法进行实际路程分析，对服务半径覆盖范围进行直观感知，比较不同布局方案优劣势及可操作性，避免传统以学校位置为圆心进行覆盖的传统半径定位所造成的实际就学距离与服务半径不相符的现象，最大程度上优化学生就学路程，减少教育资源浪费。

（5）空间句法辅助中小学校选址布点：在确定中小学校选址布点位置时，学生上下学的安全性和可达性以及服务半径是需要首先考虑的要素。从安全性来说，除了考虑避免穿越城市主要干道、高速公路、铁路等交通方面带来的潜在威胁，还要尽量把中小学校设置在车流量适中、有一定的人流量、就学路径辨识度好的路段。可达性方面，结合我国国标规定的中小学校服务半径为 1 000 m、500 m，以及就近入学原则，将中小学校设置在学生上下学距离较短，易于到达的位置。基于此，作者可以将相关要素在空间句法软件中的对应指标参数作为评价依据，通过建立道路轴线模型，再使用空间句法对其进行分析，可以得出不同位置的相关评价数据，从而对中小学校布点位置进行量化比较。

二、量化指标的选择

（1）整体集成度：上文解释过，集成度值能够直接反映被分析的系统中指定空间与剩余空间的集聚或离散程度，故作者可以通过规划区范围内的整体集成度高低值来对某一位置的可达性高低进行量化。在空间句法相关软件中，可以通过计算生成总体集成度图及对应数值表，集成度从高到低分为 10 段，一般以暖色表达集成度高，冷色反之。由此可直观地了解到中小学校所处位置周边的道路可达性情况。整体集成度高的位置，空间对象的聚集性较强，可达性最好，否则反之。

（2）局部穿行度：选择度（Choice）是英国的软件工程师根据英国的道路路网得到的分析公式。我国学者根据我国实际情况对其进行了优化，称为穿行度。2012 年，Bill Hillier 等人对其算法进行了改进，将穿行度定义进行了新的定义，其原文是"the number of occurrences on the shortest topology path"，直译过来就是"某一空间出现在最短拓扑路径上的次数"，表明某空间吸引穿越交通的潜力大小。其表达式为：

$$\text{Normalized Choice}（p）= \frac{\text{ChoiceYPY}}{\text{Total Depth}（P）} \qquad （4-1）$$

式中，Choice 值与 Total Depth 值都是关于同一个空间结构的，可以综合起来考虑。Choice 的值越高越有利，而 Total Depth 的值越低越有利，则 Normalized Choice 的值越高的，综合起来越有利，表明其被选择和利用的次数多。在具体实践中，作者可以尝试用 500 m 和 1 000 m 的中小学校服务半径作为相关参数值，得到规划系统中不同位置空间位置的穿行度选择情况，以反映规划范围内到达中小学校的便捷性。

（3）实际就学距离：利用空间句法软件的线段模型分析中的 Metric Step Depth（实际路程距离）对学生实际就学距离进行测算，其分析原理是基于学校在轴线图中所处的线段。以中学为例，对周边其他位置到达学校的累积线段长度进行测算，从而获得 1 000 m 实际路径的覆盖范围，相对传统的定点以服务半径画圆的办法，能够更加准确地确定中小学服务区域是否覆盖合理。作者在软件中设置米制距离分析，将参数值设置为 1 000 m 及 500 m，能够直观地反映周边区域到中小学校可达性的差异性，避免了服务半径的直线距离与学生上下学实际耗费路程有较大出入的问题。

第五章　中小学校与社区安全空间耦合性探讨

第一节　理论基础

从社会学的角度，学校与社区本就存在天然的联系，社会学的相关理论被广泛运用于学校与社区互动的研究与实践中且影响力不断提升。其中，"互动理论"强调了个体与社会的联系，是学校与社区联系的理论基础。学校与社区的互动是二者间的相互交流、合作。一方面，学校教育的开展，需要社区的扶持；另一方面，社区的发展，同样需要学校的帮助与参与。另外，美国社会学家霍曼斯等人提出的"交换理论"被运用于学校与社区的互动，学校巨大的教育优势可为社区教育提供支持，社区的社会力量能为学校提供经济、设施等多方面的支持，学校与社区的互动十分必要。还有哈马贝斯的"交往行为理论"在学校与社区互动的运用，二者要以诚信、平等的原则进行交流、沟通，才能为各自的发展寻求支持帮助，促进共同发展。

学校与社区的互动是学校与社区共同发展的必要方式，而二者的交往行为又会对应于不同的实体空间，或在学校内，或在社区内。从环境心理学的角度分析，人和环境是相互作用的关系。"刺激理论"指出，环境会令个体的感觉和行为改变。当个体熟悉某一环境后，环境就会对个体产生积极或消极的意义。"交互作用理论"强调人和环境相互包含的关系，且一方活动必然影响另一方。"场所理论"提出了人类情感、经验、记忆与特定空间环境的对应性。从行为地理学和空间认知的角度分析，社区安全空间的设计要多从人的行为和心理出发，尽量使环境对人心理产生有利的影响。城市空间与犯罪预防的研究又提出了以"街道眼""可防卫空间"通过环境设计预防犯罪（CPTED）等理论为设计方式来预防犯罪。

　　中小学校是祖国下一代成长、学习的地方，学生是每个家庭的关注重点，学校不只是公共服务设施，更具有特殊的社会属性。学校总是让人们联想到活力、单纯、安全、整洁、神圣、饱含文化气息，而社区作为现代人类的家园会让人们联想到和谐友爱、互帮互助、亲如一家。然而，在高速城市化的进程中，人们生活方式的突变，社会成员的居住空间与其他活动空间相互分离，社区成员之间情感与道德联接逐渐瓦解。再加上生活方式与节奏的变化、社区成员流动性增加都导致了社区间邻里关系愈发淡漠。社区本应是社区居民共同努力建设的大集体，具有认同感与归属感的家园，但是现在更像是一个各自照顾自家生活的居住空间，以约束保护自身及自身家庭成员为主。虽然随着经济的发展很多小区的安保与基础设施建设水平较高，学校的各种设施也日益完备，但社会的发展不能仅以物质水平进行衡量。学校更应该像是一个独立的安全港湾，对校内的学生安全尽职尽责，但有的学校对学生在校外的安全或有心无力，或依据其安全从属关系交由社区或其他职权部门，这些行为都不利于对中小学生的健康成长形成全面保护。从社区文化的角度，学校是社区内的教育场所，社区是学生活动和实践的平台，良好的社区物质空间与人文环境，对于学生身心健康至关重要，对于每个社区成员的精神健康同样具有促进意义。教育是终生事业，学校不仅仅是中小学生学习的场所，也可以是全部社区成员的知识源泉，对于社区的文化建设有积极的促进意义。而社区的公共空间作为社区成员交往的空间承载体，作为学校与社区交往的主要区域，其周边环境、场所精神、设施、安全都会对相关人员的行为心理造成不小影响。

可见，充分研究学校与社区之间的社会关系内涵，有利于提供更全面的安全保障、紧密学校与社区的关联、满足社区成员的交往与活动需求、促进社区成员间的交往，共同为社区各方面的建设出力，进而使安全建设与管理更具实效，而不是仅仅把它当作一个空间层面的设计。

第二节　耦合性分析

社区内的公共空间是学校与社区交往的重要承载体，以往对于这些空间设计的侧重点各有不同。市政项目偏重于体现综合性，商业项目偏重于体现利益性，社区项目偏重体现安全性，教育项目偏重体现科普性。学校与社区交往行为对应的空间有：街道、广场、公园、居住区公共绿地等，它们既是社区居民日常生活、交往的场所，也是学校与社区互动的空间载体。由于个体的思考、内心的感知及行为都与环境影响有着紧密联系，环境同样会反作用于个体的行为，二者相互影响。因此在这些场所中，学校与社区存在交往行为的空间便成为影响学校与社区互动的重要部分。在不同的环境中，学校与社区交往行为的相关人员就会得到不同的行为体验，产生不同的影响。学生是学校教育的核心，学校的各项行为都是以保障学生的健康成长为原则，因此学校与社区的联系可理解为学生及与学生相关人员与社区的联系。所以本节以中小学生与社区相关的行为为视角，研究学校与社区的交往，分析其耦合性。

中小学生在社区内的行为主要为上下学。在这个过程中，学生会有交通、游憩、购物、饮食等行为，与行为相关的空间区域有学校门口、道路、商业设施、活动场所等，学校附近的场所几乎都是在为学生提供服务。还有与学生行为相关的各类人员，也都在为学生提供各种不同的服务。而这些空间环境与中小学生的行为之间、空间与空间之间、相关人员与空间之间，又有着千丝万缕的关系。安全是一切行为活动最基本的保障，因此本节在着力探讨如何能够在保障安全的前提下尽量促进交流，通过交流反过来为中小学生的安全提供保障。由于中小学生年龄和家庭环境的差异，不易进行分类比较，但是中小学生日常行为的空间又是相对固定的，故本节仅按学生行为特点将与学生行为相关的社区公共空间，归纳为三类：道路交通空间、游憩空间、商业空间。

一、中小学校与社区交通安全的耦合性

连接家庭与学校的道路是学生每天上下学都到接触的空间实体，学生家庭住址不同、家庭条件不同、年龄不同、社区环境不同，会导致其选择不同的交通方式上下学。学生上下学的主要道路即社区内道路。因为中小学校的特殊性，上下学时间比较集中，尤其低年级学生需要家长接送，并且学校上下学的时间与社区成员上下班的时间点比较相近，上下学的人流极易与上下班人流在社区道路汇集，对社区的交通造成影响，形成安全隐患。因此，学校的出入口设计在规范中有明确的规定，不应与城市主干道连接并设置缓冲区，避免人流、车流交叉，有条件的应设置停车场。但是在实际中，新建的学校尚能满足需求，但很多学校均位于老城区，城市交通环境复杂，而且很多新建学校上下学的人流对社区道路造成影响的现象依旧客观存在。相关数据显示，交通安全问题是威胁我国学生安全的重要因素，同时也威胁着社区内的其他居民。此外，因人流量大，社会人群中存在的不稳定因素相应增多，家长对于学生的出行安全不得不格外重视，并且采取相应的措施进行保障。家长不放心便会尽可能接送孩子，反而又使社区交通形成更大的拥堵。上下学时间，学校附近道路的拥堵在我国已是一种司空见惯的现象。社区内道路是中小学生上下学的必经之路，道路环境影

响中小学生的出行方式，进而影响家长的相关行为，家长的行为又会影响社区交通。中小学生安全与社区交通环境之间存在紧密联系，二者相互影响。与中小学生交通行为相关的社区交通环境，主要有学校出入口、社区道路、交通场站。不同的交通环境，学生及相关人员的行为不同，对社区交通造成不同的影响。良好的街道可达性是城市空间活动的营造城市形态要素之一。

我国小学的服务半径不宜大于 500 m，中学服务半径不宜大于 1 000 m，以及按学区划分入学的原则，本书将研究的范围划定为小学 500 m 范围与中学 1 000 m 范围。

（一）不同学校出入口空间的中小学生与社区安全

学校出入口作为学校与社区的交界点，也是学校道路与社区道路的连接点和集散点，学校出入口直接影响着学校人流的疏散。中小学校设计规范（GB 50099—2011）中规定学校的主要出入口应设置缓冲场地。《全国民用建筑工程设计技术措施》中指出："学校校门不宜开向城镇主干道，主要入口临街时，校门外应布置缓冲场地。如一般其入口和城市道路之间应有 10 m 以上足够的缓冲距离，以便临时停车及人员集散。"但在实际中因为历史等多方面的原因，学校入口前的缓冲距离一般达不到 10 m 甚至没有缓冲场地。

1. 学校出入口前无缓冲场地

设置学校出入口前缓冲场地的主要目的是方便人员集散。尤其是小学出入口前，因为小学生对于危险的辨识与防卫能力较弱，家长接送的情况十分普遍。据相关调查，家长接送孩子的时间一般为学生上学或放学前半小时左右。学校出入口前就会聚集接送学生的家长，尤其是放学的时间，下午放学又会多于中午放学。学校出入口前无缓冲场地多见过老旧城区建校较久的学校，因历史的原因学校前并无缓冲场地的布置，学校出入口与城市交通干道紧密相联，尤其与城市步行道路联系紧密，同时出入口附近还会有很多衍生的城市商业环境，学校出入口附近社会环境复杂。为保障学生上下学出入的安全，此类学校通常会在出入口与道路之间设置一定的隔离而形成缓冲空间。这类学校上下学尤其是放学时，家长一般会集聚在隔离区外的人行道上，造成人行道的拥堵，不利于学生及行人通行。因与学校出入口相连的是城市交通干道，学生与家长在过马路的时候会阻碍车辆通行，造成交通不畅，反过来也影响学生、家长及社区居民的通行。且学生放学时间本就是交通高峰期，交通高峰期会引发人们对于交通产生不安全感，越发强化了家长接送孩子的认知。

2. 学校出入口前有缓冲场地但场地不充足

一些学校为了缓解学校出入口交通的拥堵，保障学生安全，但又受限于现实的空间环境，通过对出入口进行改造，或者将出入口后退加大缓冲区或者通过隔离等手段使缓冲区向出入口左右伸延，一定程度上使学校出入口的拥堵情况有所有好转。另一些学校有缓冲场所的设置，但是因为学校的发展、学校人口增加，导致原有的缓冲场所并不能够满足如今的需求。与学校缓冲场地连接的城市人行道是人流的重要疏散通道，距离出入口较近的人行道同样承担着一定的缓冲功能。可是，学校出入口附近有大量衍生的商业场所以及摊贩，人行道被占用严重，同样阻碍了人流的疏导。

3. 学校出入口前有缓冲场地且场地充足

随着近几年我国对于校园安全的高度重视，新建的学校在选址、空间布局、出入口设计等方面遵循相关规范都更加科学合理，学校的用地充足、周边环境宜人。学校出入口前均设有缓冲场地并配有一定的停车场地，学校出入口附近人行道宽阔整洁、通行顺畅。此类出入口较为注重学校人流与社区人流、车流间的关系，尽量减少相互之间的不利影响，社区内的各类交通井然有序。

（二）不同社区交通环境的学生与社区安全

社区道路是社区空间形态的骨架，是社区功能布局的基础。从社区居民的心理角度，社区道路是连接社会与家的脉络。社区道路最基本的功能是居民日常生活的通道，直接影响着居民出行以及出行方式的选择。对学生而言，社区道路是学校与家庭的通道，也连向各活动场所，甚至本身就是交往活动的空间。社区道路的环境，不仅影响学生出行以及出行方式，还影响着学生在道路上的行为及安全，也影响着社区居民。中小学生天性活泼好动，在道路上追逐打闹、停留玩耍是极其正常的行为，尤其低年级学生对于危险的辨识能力较弱，更增加了其在道路上的危险性。一旦发生意外，对自身造成伤害也阻碍社区交通的正常运行。此外，学生与社区交通环境的关联不仅体现在道路组织方式，还有人与物的关联，即学生与道路设施和道路附属设施之间的关联。道路是社区基础设施，其设计主要是为了满足社区居民通行的需求，在此基础上提供一定的环境美化，其中对于中小学生安全方面的考虑主要体现在减少车辆对学生安全的不利影响。而空间及设施与学生安全之间的考虑要少很多。再加上社区社会环境各异，最终导致了交通环境的差异性。在不同的道路环境里，中小学生会得到不同的行为体验。

1. 道路组织方式

社区道路组织方式大体分为三类：人车混行、人车分行和人车共存。学界对于这三种模式的相关研究较多，以步行和自行车为主要交通方式的居住区适宜于人车混行模式，交通工具比较多样的居住区适宜于人车混行和局部人车分行。对于高收入群体的社区，多以人车分行的方式组织交通，步行与自行车交通则变为居民休闲活动的方式。中小学校附近道路一般均为人车分行，有专属的人行道。因为距离学校较近，是人流集中区域，这部分的空间安全也更受各方重视，会有专人进行保护、行为规范及交通疏导。离开这块区域，管控的能力逐渐变弱，学生在不同道路上的不同行为便逐步体现。在车行较少的道路上，学生的安全观念相对放松，会嬉戏、奔跑、玩耍等。在车流密集区域安全警觉性提升，会更注意行为安全。据相关研究调查，人车分行的道路相较于人车混行的道路更让学生及社区居民有安全感，希望更宽、更多的人行道。此外，在城市空间活力的形态解读中，社区的街道系统直接影响社区活力。

2. 道路设施

道路设施包括车行道、人行道、隔离护栏、平石、侧石、盲道、安全设施、信号灯等。道路设施的好坏直接影响到行人在道路上行进的安全。社区道路设施的差异来自社区建设水平的差异，反映社区居民的生活水平。道路设施较好的社区，各种设施相对比较完备，设施对行人安全的影响因素较少，社区道路干净整洁，人行道通畅无障碍，居民享受并且爱护相关道路设施。但我国社会基础建设整体水平仍处于较低阶段，或年久失修，或疏于管理，很多社区道路设施存在诸多隐患。依据行为心理学，人们对于破败的环境更加不愿维护与投资，便导致差的社区道路设施更差。差的社区环境又会降低居民对于社区的归属感。中小学生对于危险的识别和反应能力更差，这些设施更易造成中小学生安全事故。

3. 道路附属设施

道路附属设施包括交通标志、标线、公交场站、停车场、无障碍设施、道路绿化和照明、城市管线。这些设施是对道路功能的重要补充，也是以人为本思想的重要体现，其丰富程度反映出社区公共设施的建设水平，这些设施是交通安全的重要保障。而这些设施的布置与设计，现在更多的是针对普通社区居民，虽然有无障碍设施，但与中小学生相关的内容仅是其中很小部分。这些设施能够帮助中小学生有效快速地识别危险、规范行为，把社区交通环境建设成为真正安全且具有扶持性、无障碍，对于中小学生的健康成长十分必要。

（三）中小学生与社区交通安全的耦合性分析

城市形态包括街道系统、建筑系统（包括建筑和地块）和土地利用三大要素，良好的街道可达性是关系城市空间活动的一大要素。社区是城市的重要组成单元，社区街道的可达性从学生的角度来看，可理解为中小学生到达学校和其他活动区域的难易程度，涉及的方面有出入口、道路组织、道路设施、道路附属设施，这些空间及设施具有不同的功能及特点，会对中小学生在其中的安全造成不同的影响，表现出中小学生行为与社区交通环境安全的耦合性，这是在不同社区的道路交通规划与设计中值得参考和延续的。但也会对中小学生安全造成不利影响，使特定环境中的中小学生行为与场所和设施产生不和谐反应，即不耦合性，这是今年规划和设计中应重点关注并解决的问题（见表5-1）。

表5-1 中小学生与社区交通安全的耦合性分析表

交通环境要素	设计要点	中小学生与社区交通安全的耦合性反应	中小学生与社区交通安全的不耦合性反应
出入口	组织性、疏导性	组织疏导井然有序，对周边交通干扰小	出入口拥堵，通行不畅，疏导缓慢，影响周边交通
道路组织	安全性、方便性、通行性、经济性	安全性强、道路通畅、学生与社区交通的相互影响较小	道路经常拥堵、学生出行与社区交通相互交叉干扰、安全隐患多
道路设施	安全、优美、舒适、协调	环境友好、学生与社区居民出行舒适、秩序性强、道路环境及设施相关管理与维护健全	路面破损、人行道被占用、绿化照明设施陈旧、空间与设施隐患多、疏于管理及维护
道路附属设施	安全、无障碍易识别、	道路附属设施完善、空间识别性及引导性强、具有人文关怀、秩序性、亲切感、归属感，安全防卫能力强	道路附属设施不健全，对学生及社区居民的引导能力差，交通秩序差，归属感不强，安全防卫功能弱

二、中小学校与社区游憩空间安全的耦合性

本书对游憩的界定为：中小学生在距家庭、学校较近空间内进行的以愉悦身心、恢复体力和精力的户外活动，主要包括游戏、非竞技性的运动、娱乐、户外散步、游览等。游憩对应的空间即游憩空间。

中小学生在游憩空间中的安全问题从客观看来在于场地条件和设施条件，它们的安全能有效减少中小学生受伤或受侵犯，这些表象从空间、设施、器械的设计细节入手，能使中小学生在游憩空间的安全得到有效提升。从主观入手，安全是中小学生对于空间的认知感受，他们更喜欢到安全的地方进行活动。从利于儿童身心发展的角度考虑，游憩空间应能够让他们消除恐惧放心玩耍。

中小学生的游憩空间不是单独存在的，它往往附属于社区建设中的一部分；而中小学生的游憩行为，不仅仅在指定的游憩场地开展，任何户外环境均可能引发中小学生的游憩行为。因此，中小学生游憩空间应从一个更宏观的角度入手关注安全问题。日本千叶大学中村教授著的《儿童易遭侵犯空间的分析及其对策》中，通过对案例的比较研究，提出了安全的儿童环境设计方法和原则，充分论述了空间环境对于犯罪的影响程度。对中小学生游憩空间规划必须充分考虑周边社区环境。而社区环境安全不仅影响着中小学生的安全以及行为，同样也对其他社区居民产生影响。随着教育的发展，中小学教育显露出向更广空间层面发展的趋势，学校与社区的关联日益紧密，不少教育教学活动都需要社区的支持。而社区的游憩空间正是学校进行活动以及教育实践的适宜场所。因此，从短期来看，关注社区游憩空间的安全，能够有效提升中小学生在其中进行活动的安全。从长远来看，更可为学校与社区互动的发展打下物质空间基础。

据相关研究，社区中使用公共空间最多的是老人与青少年，

并且二者之间有着密切的关系。在我国现阶段市场经济的大环境下，社区建设一般伴随着房地产的开发，社区公共空间建设过程中的利益性一般是开发商首要考虑的问题，其次开发商考虑更多的是大范围使用的标准化设计，邻里关系、社区人文关怀、交往空间的营造是建设的薄弱环节。当然，这也不仅仅是开发商的问题，社区本身就应是社区所有居民有共同归属感的集合，空间的营造离不开每个居民的努力。学生是每个家庭的焦点，因此在社区公共空间的营造中多考虑空间与中小学生的关联，这不仅是中小学生活动的需要，也有利于促进社区居民对社区公共空间的关心。

中小学生的游憩空间存在于不同的社区空间中，所处环境不同，使它们具有不同的类型及性质，中小学生与它们的接触频率、停留时间以及使用方式也会不同。游憩空间的不同主要表现在空间环境、空间布局、设施器械三个方面。

（一）不同空间环境的游憩空间与中小学生安全

因为年龄特点，中小学生对于户外环境的好奇心较强，日常行为也比较活跃，上下学途中经过的区域都有可能成为他们停留玩耍的场所。就目前城市的中小学生来说，街道、广场、公园以及社区公共绿地都是他们喜欢的游戏场所，而场地周边的环境直接影响着场地的质量和儿童的安全。

除去这些场所，拆迁空地、废弃厂房、重建住宅区、城市建设空地、临时停车场等城市发展过程的产物，往往被人们忽略却对中小学生充满诱惑力，是他们捉迷藏、探险、共享秘密的基地。他们在这样的地方会感到刺激，但这些地方也是最危险的地方，往往是犯罪事件容易发生的场所。这些区域与周边社区关联度很小，成年人通常会对这样的区域敬而远之，这也是社区内的不安全区域。

社区内的一些其他空间因为不合理的规划，往往也容易成为犯罪的温床，这些空间与周边环境的关系是公共安全问题需要考虑的重点。如社区停车场和仓库大多处于无人状态且位于社区人流不集中区域，犯罪行为不易被人发现或发生意外时难以及时有效得到救援。还有一些活动场所因为位置不合理、与周边社区环境关联性较差，所以使用人很少甚至废弃。这样的活动场所一般位于社区的独立角落，且社区各类人员对其关注减少，也就失去了对场地中儿童的隐形保护。但是，这样的隐患往往是容易被儿童忽略的，因为不被关注的场地反而更让他们对其私密性与独立性感兴趣。

还有一些空间因为离家近，家长和学生比较熟悉，因此降低了对这些空间的警惕性，增加了儿童活动的危险性。如建筑山墙侧面的活动空间、一楼架空层的活动空间等。这些区域都是中小学生上下学必须经过的区域，极有可能进入停留。因此，社区空间环境对于中小学生安全就显得尤为重要。

（二）不同空间布局的游憩空间与中小学生安全

社区公共空间是中小学生生活实践和交往的平台，相关因素考虑全面的空间布局有利于中小学生的活动。同时，适宜的户外空间有助于促进学生间的合作、交往和建设性的行为，为中小学生参与社会活动提供必要条件。小学生与中学生年龄差异较大，游戏内容也会有较大差异。因场地环境对于小学生的影响更大，研究以小学生视角为主。

我国当代居住区的设计深受功能主义思想的影响，再加上现在居住区建设的时间短、强度大以及批量化的生产模式，现阶段社区的公共空间更多地关注于符合相关设计规范要求，注重空间环境的美观与设施的齐备以及商业收益，而对于其的合理性、文化性、社会性的关注要少得多；而对于老旧社区，设施与功能甚至都无法满足，建成环境与居民需求存在客观差距，而这些社区公共空间是中小学生主要的游憩空间。

社区公共空间形态多样，周边建筑是制约场地形态的主要因素。社区内的公共空间通常被建筑围合，或依托于建筑进行布局，围合感较强。如果建筑外型凹凸变化，则便于创造变化的空间，依角落建设的游憩场地趣味性较高。而在公园、广场、社区绿地附近的游憩场地较为开敞，注重与其他空间的交流；通常通过设施、铺装、绿化等形式营造一定的场地感，促进学生的交往以及家长与儿童的互动。

对于低年级学生来说，活动场地的中心感和围合感是其心理空间的基本要素，他们更喜欢具有私密性、独立性的空间进行活动。通常如果环境过空、过大，学生会感到压抑，缺乏场所感与领域性，而小尺度的私密空间是儿童最喜欢的地方，他们会感到安心，更愿意与人交流。场地周边围合度也不宜过高，过高的郁闭度不能提供较多的视线穿透性，会给学生带来恐慌感，同时也容易滋生人为伤害，不能使场地外人群关注到场地内发生的状况。

在社区安全建设的相关研究中，可防卫空间理论从领域感、自然监视、边界确定、入口控制以及环境形象五个方面提出了预防犯罪的空间环境设计要求。从犯罪预防这个角度，中小学生在游憩空间的设计方面与社区安全具有相关目标。相关设计方法对于保障中小学生在游憩空间的安全具有很强的借鉴意义。在情景预防犯罪理论中指出，通过加强管理、活动组织、居民交往等能够有效预防犯罪。由此可见，社区公共空间的布局不同，社区居民与中小学生在其中的感受与行为便会不同。合理的公共空间布局能够促进居民交往，增加空间预防犯罪的能力，提升中小学生在其中的安全性。

（三）设施器械不同的游憩空间与中小学生安全

游憩空间的设施器械不同，其使用者会获得身体不同机能的锻炼。学生在游戏场地中与器械进行交流时会产生不同的偏好，一个场地中设施器械的安排选择是否合适，使用者的喜好程度最具有话语权。设施器械是否合理，也间接影响到使用者对于场地的喜好程度。我国目前游戏场地的设计更多还是以活动身体的设施为主，在不同器械设施使用的过程中获得不同生活经验的成长，但形式较为单一。学生在活动中受伤可能是因为设施存在安全问题或学生自身行为方式问题。合理的设施器械会考虑不同年龄人群的行为特点，设施设计符合其活动需求。设施器械作为游憩空间内的重要设施，其适宜性会影响场地的活跃度。场地的活跃度越高，与周边社区环境的联系就越密切，空间的安全性也就越高，那么其中活动的中小学生也就越安全。

（四）中小学生安全与社区游憩空间的耦合性分析

不同的社区游憩空间体现出不同的场地特点，给学生的安全带来了不同的影响，设施器械适宜、空间布局合理、空间环境关联性强的游憩空间，学生在其中活动的安全能得到有效保障，表现出中小学生与社区游憩空间的耦合性，这在今后社区游憩空间设计中值得参考和延伸；学生在某些情况下与社区游憩空间产生不和谐反应，即不耦合性，是今后设计工作应着力解决的问题（表5-2）。

表5-2　中小学生安全与社区游憩空间的耦合性分析表

游憩空间影响要素	设计要点	学生安全与游憩空间安全的耦合性反应	学生安全与游憩空间安全的不耦合性反应
空间环境	关联性、关注度	游憩空间与周边空间关联度高，可达性好，空间具有活力	游憩空间孤立，形成危险空间，空间环境破败，空间活力差，
空间布局	领域性、监视性	空间围合适宜，既保证私密性，又能满足自然监视，使用者具有领域感、归属感，空间具有活力	使用者有郁闷感、压抑感，无法形成有效视线观察，滋生犯罪隐患，空间不活跃
设施器械	安全性、适宜性	设施器械适宜，对学生与居民具有吸引力，设施安全、使用率高，空间活跃	设施器械没有吸引力，使用率低，破败废弃，安全性差，空间荒败

三、中小学校与社区商业场所安全的耦合性

社区街道是社区的骨架，那么社区街道两侧的建筑则是社区的血与肉。道路两侧的建筑多为商业建筑或商住混合，而社区街道两侧的商业场所正是社区最具经济活力和人流动性最高的地方，这部分区域同时也是中小学生上下学要经过的区域，并且与中小学校的距离的不同呈现出商业内容的不同。学校附近的商业场所更多的是为学生服务，多为小商铺、小吃店，与学校较远的则主要为社区居民服务。本书依据服务的主要对象的不同，大体将商业场所分为为学生服务的商业场所和为社区居民服务的商业场所两大类。社区商业场所分属不同个人，因此这些商业场所的空间环境各不相同。

（一）为学生服务的商业场所与中小学生安全

为学生服务的商业场所大多位于学校出入口附近，以售卖零食、玩具、书籍为主。这些区域通常也是中小学生上学及放学途中最喜欢去的地方之一，这些商铺的食品安全、卫生安全与中小学生密切相关。此外，这些商铺及商铺周边环境受限于社区环境与商家个人，环境安全无法得到有效保证，治理起来会涉及多方利益关系，一直是环境治理的难点。学校周边商铺因其独特的空间属性，在学生上下学时间会经常聚焦三五成群的学生，商铺前面的人行道往往成为接送学生家长的停留区域。从空间方面这些商业也兼具有一定的集散功能，对于中小学生更是一个交流的空间。这样的情况常见于老一点的学校和社区。虽然存在很多安全隐患，但是不可否认的是中小学生对于这些店铺的喜爱。新建的学校很多的时候为了便于管理，学校门口一般尽量避免有商铺存在，避免对于学生安全的干扰。这样布置的结果确实有利于校门口交通疏散以及学生安全，但是学生少了一个交往交流的场所，或者向距离较远的商铺转移。

（二）为社区居民服务的商业场所与中小学生安全

为社区居民服务的商业场所人流量较大，存在很多不稳定的社会因素。如果中小学生上下学途中要穿过这样的区域，商业街区视线较好，能有效威慑犯罪行为的发生。但商业场所处空间环境各不相同，有人气的街道会让人感觉热闹，有安全感，空旷的街道易让人感到孤寂，大量的陌生人流容易引发学生的焦虑感与不安全感，产生害怕、恐惧等心理，而且社区商业场所社会环境复杂，存在诸多不利于中小学生成长的区域。中小学生在这些区域的安全更多地依赖于社区治安与管理，还有自身的安全意识。

（三）中小学生与社区商业场所安全的耦合性分析

结合以上分析，中小学生安全在为社区服务的商业场所中更多地依赖于社区的治安管理及学校的安全教育。在学校附近，学生安全与商业场所安全表现出极强的关联性。学校周围商业场所环境有利于学生的交流，但如果环境治理与管理欠缺便极易对学生造成危害。一味地撤销也许并不是最好的解决方式。

城市社会学一般认为，城市活力由经济活力、社区活力、文化活力这三者构成。依据城市活力在形态学的相关解读，城市形态由街道系统、建筑系统和土地功能组成。叶宇、庄宇、张灵珠等将城市活力的营造原则归纳为三个关键的城市形态要素：良好的街道可达性、适宜的建设强度与建筑形态、足够的功能混合度。学校附近商业场所极具功能混合的潜力，如果合理规划，也可成为极具活力的城市空间。如可与学校疏散广场或社区广场合并布置，为学生提供一个健康的充满活力的交往空间，同时也可为广场带来人气。

综上所述，中小学校与社区关联紧密，二者在交通安全、游憩空间安全、商业场所安全三个方面达成耦合关系。中小学校与社区在空间规划、公共政策、教育、安全管理、空间环境布局及设计、设施布置及设计等方面都应充分考虑二者之间的耦合关系，为今后的相关设计提供理论参考。

第三节　中小学校与社区安全空间的耦合对策

中小学校与社区关联紧密，作者认为二者在空间规划、公共政策、教育、安全管理、空间环境布局及设计、设施布置及设计等方面都应充分考虑二者之间的耦合性。虽然政府、设计师及各相关人员对中小学校与社区的关联性有了一定的认识及关注，使二者的耦合性有一定体现，但还不全面、不深入，对于被忽视的不耦合现象应在今后的规划及设计中引起重视，使二者在宏观、中观、微观三个层面均充分耦合，同时还应注意耦合在时间方面的意义，考虑到耦合的时序性，即规划的动态性。

一、宏观层面耦合对策

（一）中小学校与社区空间规划耦合

社区道路是社区各功能区间的通道，是支持起社区各功能区间的骨架。中小学校作为社区重要的功能区间，应充分结合社区道路的骨架功能，实现与社区在各种方面充分联接，体现中小学与社区空间规划在外在形态和内在功能的耦合性。

一是要充分考虑社区道路的交通功能。中小学校的选址与主要出入口位置选择应充分考虑社区的空间规划，社区进行空间规划时也应协同考虑中小学生的位置及主要出入口位置。应考虑到学生交通对于社区交通的影响，在满足其可达性的前提下，考虑人员疏散，尽量减少学生交通与社区交通相互之间的干扰，保护交通的通畅和双方的安全。

二是要充分考虑社区道路的骨架性及各功能区的关联。在考虑中小学校到社区各功能区间可达性的基础上，考虑中小学校与社区的关联，合理布局各公共空间、服务设施，使各空间及设施更有针对性、安全性，提升空间使用率，有利于空间及资源的集约利用，提升空间活力，体现学生与社会空间功能的耦合，为中观的空间设计及微观的设施设计做好铺垫。

（二）中小学校与社区安全管理耦合

中小学校安全管理应与社区安全管理充分耦合。学校的安全防卫应考虑与社区安全防卫体系之间的联系，相关人员形成联动，安全防卫设施配套完善。这方面我国目前有了显著进步和改善，相关方式与实践经验较多，学生在校园内的安全保障显著提升。目前问题主要是学生在社区内的安全。这就需要在社区宏观安全体系的构建中充分考虑中小学生的行为，加大社区安全防卫的覆盖面。如可结合中小学生行为布置安全岗哨、结合社区空间布置街道眼、有对应性的安全事件反馈机制等方法，全面保障中小学生安全，从安全防卫方面指导中观环境设计。

（三）中小学校与社区各组织机构

社区内各组织机构是学校与社区交往的润滑剂。第三方的社会力量在如今的社会生活中扮演着越来越重要的角色。在宏观层面，学生、家长、社区居民均应充分争取第三方机构的力量，使其成为社区安全保卫力量的重要人员、资源及智力补充。

要想形成这样的耦合状态，离不开政府相关政策的支持、法律的保障，离不开各相关机构、部门的配合，离不开学生、家长、社区居民的参与。

二、中观层面耦合对策

综合运用环境心理学、行为地理学、城市形态学等学科的相关理论进行环境设计，并为微观设施设计提供指导。

首先，应以中小学生安全的视角，充分考虑社区各区间与中小学生行为的关系，环境的设计和道路的设计应充分结合宏观层面中小学生上下学路上经过的各功能空间的布局，避免学生去往危险性较高的空间，如可通过隔断、隔离、警示等方式引导学生行为。

其次，应考虑中小学生行为与活动空间的耦合性。在进行具体空间的设计时应充分考虑活动空间与周围环境的关系，避免周围环境不安定因素对于中小学生活动空间的安全威胁，增加周围环境对活动空间的有利影响。如运用 CPTED（通过环境设计预防犯罪）、可防卫空间等相关设计手段方法，强化领域性、控制通道、增加自然监视、维护环境形象、增加环境安全度。

此外，还应增加对空间活力营造的思考。通过对空间相关人员需求调查，以增加社区居民活动交往为目标进行环境设计，避免公共空间资源不足或浪费的情况发生，以达到居民行为与社区公共空间的耦合，促进中小学生安全与社区公共空间的耦合。

三、微观层面耦合对策

一是设施的配置应依据中观空间环境设计的目标，满足居民需求，吸引中小学生与社区居民的使用，在满足配置标准的前提下有针对性地进行配置。

二是设施的配置与设计应充分结合使用人群。尤其是与中小学生活动密切相关的空间，设施应考虑不同年龄人群的行为特点与认知水平，避免设施与人行为不耦合导致的设施浪费或安全隐患，尤其是很多日常生活中容易忽略的细节，并通过相应制度建设对空间安全隐患进行排查，避免意外发生。

三是设施设计更具人性化，包括道路及其附属设施、建筑附属设施、公共活动空间设施等，在满足其使用和安全功能的前提下，增加对中小学生使用安全的思考。还有标志、场站、绿化、照明等设施，在满足其基本功能的前提下，应考虑其对于空间安全的促进作用以及对不同人群的引导性、提示性。如中小学附近就多增加符合中小学生认知水平的标志引导规范其行为。

第四节　中小学校与社区安全空间的耦合设计方法

在中小学校与社区安全空间耦合对策建议的基础上，本书提出了"点—线—面"相结合的中小学校与社区安全空间耦合设计方法。

结合相关规范内容：中学服务半径为 1 000 m，小学服务半径为 500 m，城市次干路间距为 350 ~ 500 m，支路间距 150 ~ 250 m，居住区 300 ~ 500 m 半径内应有一小游园，1 000 m 半径内有一综合性公园等，以小学学校为中心，抽象以下模型，如图 5-1 所示。

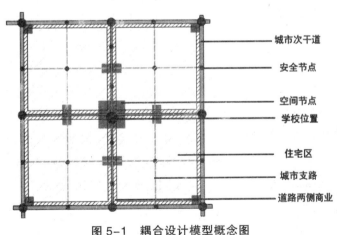

图 5-1　耦合设计模型概念图

一、点的设计

点的设计主要包括两方面的内容：空间节点与安全节点，如图 5-2 所示。

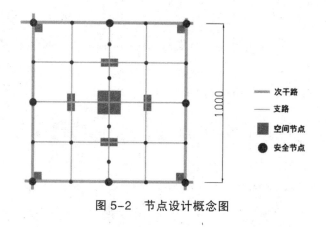

图 5-2　节点设计概念图

（一）空间节点

空间节点主要指社区内的公共空间，包括学校门口的集散空间、社区内的小游园、社区内综合性公园、广场等户外开敞空间。这些空间节点的设计在满足已有设计规范要求的前提下，还可以从以下方面进行优化。

首先，靠近学校的空间节点应更多地考虑学校师生需求。功能方面，除去集散功能，可以更多地加入休憩的功能，作为学校在社区内的户外空间拓展，也可作为学校与社区交往的空间平台。从设施设计来看，据调查研究，老师、家长、学生都比较希望学校附近可以增加更多的活动空间，场所可以更加开阔，植物绿化也可以更加美观一些，最好能够再加入像坐凳、洗手池、遮阳伞、饮水源、照明、护栏、指示牌之类的设施。空间节点的细节，空间设施的合理性、适宜性、安全性、实用性、完善性都是现实生活中普遍存在的问题，设施的人性化，让设施更具吸引力，让空间更具活力，是今后设计中需要着重思考的问题。学校与社区的交流日益紧密，优化学校附近公共空间节点，是长远发展的趋势。

其次，节点空间的设计应加入更多对周边环境及人群的思考，通过设施、环境的设计进行空间活力营造。空间节点应尽量结合社区居民的活跃度进行布局，让公共空间存在于需要它的地方。从小学生的视角来看，空间节点的设计应尽量结合中小学生在社区内的行为，可沿上下学道路布置，在服务于社区的同时为中小学生提供一定的活动空间。尤其是新建的公共空间，应尽量满足服务的均衡性。而在老城区，因为城市空间环境紧张，建议在重新或改建的过程中，插入更多的公共空间，改善人居环境，对于荒废的公共空间进行改造与活力重塑，避免空间资源浪费。

最后，空间节点应有一定的体系性，依据社区功能结构，分理分配大小及内容。避免千篇一律的模式化建设。不符合需求的公共空间是对社会资源的极大浪费。

（二）安全节点

本书中安全节点的含义是具有一定安全防卫功能的社区空间。社区常见的安全节点有门禁、保安室、警卫亭等。我国社区安全治理的难点表现为社区结构的不稳定难以形成合力，社区成员对于社区归属感不强，群众参与度不高。针对这种情况，作者认为一方面需要提升空间环境和社区活力，增强社区居民对于社区的归属感和认同感，另一方面还是要在现有安防体系的基础上加以完善，努力争取更多社会力量。在社区空间内合理分配岗哨力量，广泛吸纳第三方力量，如公益组织、社会组织。将部分社区空间转换为具有安全防卫功能的街道眼。依据相关理论，这些"街道眼"既可以是自然形成的人工监视，也可是相关部门机构赋予社区空间的功能，沿街商铺就是很合适的选择。此外，还应有合理的体系建设，不光是安全防卫、城市防灾，还有应急管理，还应增设更多的伤害反馈点，使人员，尤其是学生在受到意外伤害后能够迅速地得到救治。这些反馈点，就是平时的安全节点。此外，安全节点的布局还应满足均衡性。最终这些具有多个功能的安全节点才能够形成线——安全通廊。

二、线的设计

空间节点的合理布置，最终要形成的是一条中小学生安全的上下学通道，空间节点沿道路合理布局，相互协同。在这条道路上，路面是安全通畅无障碍的，行进过程中的建筑空间环境没有对路上学生的安全隐患，路上会经过几个活动的空间，空间是安全的有趣的，在路上可以看到里面的人在愉快地玩耍，还有一些地方看不到，需要走近了才能看到。一路上会不时地看到或者保安、或者警察、或者戴着红袖标的社区人员在指引规范人们的行为安全。

如图 5-3 所示，线既是实体的线——街道，也是虚拟的线——人的交通线路。道路将社区各功能空间串联，也将各安全节点串联。社区应保证交通的串联功能与安全节点之间的联通性良好，不要出现断裂，学生的安全才能得到全面的保障。

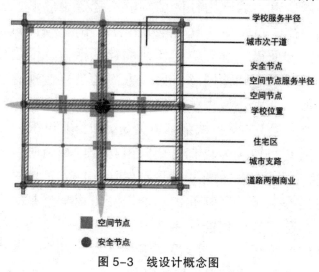

图 5-3　线设计概念图

三、面的设计

如图 5-4 所示，各空间节点与安全节点在道路的骨架基础上合理分布,沿道路形成安全通廊。中小学与社区安全充分耦合,各种节点通过细节的细腻处理,改善空间环境,营造出良好的空间氛围,学生与社区居民在此和谐交往,空间充满活力,群众热情参与社区的各项活动与建设,社区内所有的人与社区空间共同形成了面,即社区,一个具有共同价值归属、每个人都为使之变的更好的目的而努力的地方。

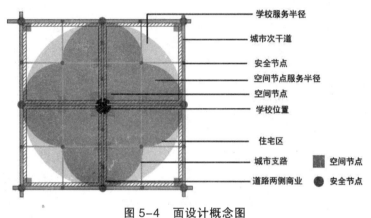

图 5-4　面设计概念图

第六章　城市中小学校作为应急避难场所的可行性

第一节　日本中小学校作为应急避难场所的经验

日本是世界上地震频发最多的国家之一，非常重视中小学避难场所的建设。2011 年 3 月 11 日发生 9.0 级"东日本大地震"并引发海啸，造成了大量的人员伤亡和财产损失，但师生的伤亡却非常低，在被海啸摧毁的仙台市若林区中野地区废墟中，唯一屹立不倒的是中野小学，学校开放体育场馆作为紧急安置点。通过几次大的地震发现日本中小学校舍成为全国最牢固的建筑，校园在灾时成为名副其实的"第一避难场所"，在防灾避难中发挥了重要的作用。本书主要从法律规范、规划设计和防灾教育与演练三方面论述日本中小学避难场所的经验。

一、制定完善的法律规范制度

重大的自然灾害在给人们带来深重灾难的同时，客观上加深了人民对灾害的认识，促进了相关灾害的立法。日本关于中小学灾害管理方面的法律和规范，很多也是在重大的自然灾害面前间接推动下颁布实施的，且不断地改进。

1923 年关东大地震后，日本修订《市街地建筑物法》，引入了抗震力的规定，开始了最早的关东大地震复兴计划，同时规定学校教学楼必须使用钢筋混凝土结构，最早开始规划建设避难场所。关东大地震成为日本各界关注中小学校园防灾安全的重要转折点。

1950 年颁布的《建筑基准法》中规定作为避难场所的中小学建筑的抗震强度是普通建筑物的 1.25 倍，之后 1981 年的新抗震法中规定学校建筑在 7 级地震中受损能被修复。

1959 年发生的伊势湾台风，造成 5 098 人死亡，促成了《灾害对策基本法》在 1961 年的颁布实施，此部法律成为日本防灾减灾的基本法，并此后在一系列灾害后不断修订完善。

1995 年发生的阪神大地震有 4 500 多所学校遭到破坏，这次地震再次促使日本政府对校园安全问题的思考，随后政府开始实施"校舍补强计划"，开始对全国中小学进行全面的抗震检查，对不符合抗震要求的建筑进行加固施工。到 2009 年，日本校舍完成加固达到抗震标准的占到总数的 60%，并计划在 5 年内提高到 90%。

2000 年 6 月再次修订了《建筑基准法》和其实施法令，最终要求除木结构住宅外，商务楼能抗 8 级地震，中小学校舍普遍能抗 7 级地震。

二、校园的规划设计与防灾相结合

为了把校园建设成"第一避难场所"，日本在进行校园规划建设时有自己独特的要求和特点，从宏观的总体布局到微观的建筑设计均从防灾的角度进行考虑，并取得了积极的成效。

从校园用地选址上看，首先必须确保用地的安全性。用地应避免洪水、雪崩、泥石流、地震断裂带等自然灾害的威胁，具备良好的排水条件，同时应避免过大的高差。其次，适当的用地规模和形状。学校必须满足教学楼、体育馆、体育场等设施用地的需要，且预留足够的运动场地用地，根据相关统计报告，中小学的运动场用地比例占总用地约一半；为了保证教育资源的公平性及方便防灾避难，学校一般不能超过 18 个班；同时，用地选择尽量方正规整，以免形成避难盲区。最后，周边道路须便捷。周边道路与学校的出入口有便捷的联系，一方面可以方便学校日常的运营，另一方面在灾时便于灾民避难以及救灾物质的运输。在进行总体规划时，根据校园周边环境，合理进行功能分区，充分发挥各空间的机能，同时注意加强各自的联系，便于联合使用。另外，要充分考虑体育馆、运动场地等公共区域向社区居民开放，注意交通流线的设计和组织，便于灾时向灾民开放。

日本从建筑设计角度考虑与校园防灾的结合，主要从以下两个方面进行阐述。第一，设计抗强震的建筑结构。结构是影响建筑安全的主要因素，日本相关法律规定中小学校舍耐震性能的目标是震级为 5 度强度的中等强度地震，建筑物不受损；震级为 6 ~ 7 度的大地震，建筑物不能倒塌。在进行结构设计时，注重增强结构的韧性和强度指标的设计，使建筑的抗震性能最佳。此外，建筑物尽量方正规整，提倡标准化的简约设计，避免产生应力集中，导致构造性失衡而发生变形和扭曲。第二，合理的交通流线设计。将开放空间与非开放空间进行分开，使对社区居民开放的公共场所与日常的教学活动互不干扰。流线设计尽量简单便捷，便于灾时灾民的集散；竖向交通设计时，除满足日常的教学活动需要外，考虑灾时人数增加时的使用；走廊和楼梯保持通畅，避免过多的曲折。

三、重视防灾教育与演练

日本注重加强民众的防灾意识，通过广播、电视、网络等多渠道宣传防灾救灾知识，中小学专门开设有防灾教育方面的课程，且学校定期进行防灾演练，提高学生应急避难的能力。

2011 年发生的东日本大地震，日本岩手县釜石市全市 14 所中小学约 3 000 名学生由于平时参与地震防灾演练，灾时秩序井然，避难成功率 100%；市东中学的中学生不仅仅自己安全避难，同时还带领鹈住居小学的学生避难。以上实例说明日本中小学平时的防灾教育和演练工作是非常成功的。

日本防灾教育的内容非常详细，主要包括地震时保护自己的生命、地震后如何帮助他人以及地震发生的科学知识三方面内容。防灾教育的内容融入到日常的教学当中，让学生潜移默化地接受防灾方面的知识。中小学每3个月进行一次防灾疏散演练，定期对教师进行定期的防灾教育培训，挑选出有指挥能力的教师作为支援者和指导者。此外，学校经常邀请防灾方面的单位和专家到学校进行授课，帮助师生提高防灾意识。

第二节 城市中小学校作为应急避难场所的优势

一、选址和布局契合防灾避难的需求

在关于中小学设计的原规范《中小学校建筑设计规范》GBJ 99-86中对校园选址有明确的规定"校址应选择在阳光充足、空气流通、场地干燥、排水通畅、地势较高的地段。校内应有布置运动场的场地和提供设置给水排水及供电设施的条件。学校宜建在无污染的地段。"，在新版的《中小学设计规范》GB 50099-2011中指出"中小学校严禁建设在地震、地质塌裂、暗河、洪涝等自然灾害及人为风险高的地段和污染超标的地段。校园及校内建筑与污染源的距离应符合对各类污染源实施控制的国家现行有关标准的规定"。从颁布的两个中小学规范中可以看到国家对校园选址的安全性问题历来非常重视。

根据国家相关的技术规范和标准，中小学网点布局可以满足避难疏散的需要。在《城市抗震防灾规划标准》GB 50413—2007中规定紧急避震疏散场所的服务半径宜为500 m，步行大约10 min之内可以到达；固定避震疏散场所的服务半径宜为2 ~ 3 km，步行大约1 h之内可以到达。

二、可利用潜力大

中小学用地由建筑用地、体育活动用地、绿化用地和道路及广场、停车场用地构成，其中运动用地、广场用地和绿化用地等用地可以作为户外理想的避难场地。在旧版的《中小学校建筑设计规范》（GBJ 99-86）中明确规定运动用地面积小学生每生不小于 2.3 m^2，中学生不小于 3.3 m^2，单独这项用地基本上能够满足避难疏散的要求。

学校作为师生生活和教学活动的主要载体，拥有大量的建筑和较为齐全的配套设施。2009 年后，我国对相关的建筑规范和标准进行修订，已将中小学建筑的抗震设防类别规定为乙级以上，使得我国中小学建筑质量得以保证。校园内主要有教学楼、体育馆、食堂、办公楼等建筑，可以实现平灾转换。如教学楼平时作为教学使用，灾时可以作为救援物质储备、尸体停放、传染病隔离等功能使用，体育馆拥有大量的室内空间，灾时可以为灾民提供比室外条件更好的避难场地，食堂灾时可以作为救灾物质分发的中心，办公楼灾时可以作为避难场所的指挥中心（表 6-1）。同时，校园内的通讯广播系统、水电气系统、卫生间、停车场等配套设施都是防灾避难所必需的，只要稍加改造便可投入使用，可节省大量的救灾资源。

表 6-1　中小学建筑平灾转换功能

	平时功能	灾时功能
教学建筑	教学	尸体停放、医务室、物质储备室
食堂	餐饮	避难和医疗救护
行政办公房	办公	防灾指挥部或工作人员休息
广播室	播报课间操等	灾时信息传递
体育馆	室内活动	避难
医务室	日常检查和简单治疗	医疗救护
游泳池	教学、运动	生活用水

三、与社区联系紧密

中小学校园是社区熟知度较高的公共场所。在空间距离上，根据中小学相关的规范和标准，小学服务半径不超过 500 m，中学的服务半径不超过 1 000 m，社区居民大约在 30 min 之内能够到达最近的学校进行避难。在交通联系上，相关规范规定校园至少要有 2 个以上不同方位的出入口，保证了中小学校内外的交通联系。在日常生活中，有些家长毕业于自己社区的学校，对校园环境较了解，还有些家长在接送小孩读书过程中对学校也变得熟悉。同时，学校在假日可以开放一些运动设施，如体育馆、游泳池等，定期开展防灾教育活动，让社区居民参与进来，增加校园与社区居民的亲近感。以上因素促使中小学成为社区中居民熟悉程度较高的公建。

综上所述，把中小学作为应急避难场所不是主观臆断的，它具有其他避难场所无可比拟的优势，同时也是切实可行的。校园具有相对完备的设施资源，灾时可以迅速为避灾提供服务，节省大量的救灾资源；同时与社区居民的联系较强，利于就近避灾。近些年国家出台的相关政策和规范把中小学规划设计与防灾结合在一起，进一步保障其避难场所的可行性。

第三节　安全性分析

安全是避难场所的核心问题，如果避难场所存在较大的安全隐患，就会失去其提供应急避难的能力。本书把校园避难场所的安全性分为两部分，其一是基地选址、内部建筑质量、地形坡度等为主的校园内部因素，其二是次生灾害危险源、周边的建筑物、地形条件等外部环境因素。相比于平原城市，山地城市中小学校园的地形地势条件更为复杂，校园的安全性受到的影响更大。

一、选址的安全性

基地合理选址是关系到地震应急避难场所安全的前提条件。中小学严禁建立在地震断裂带及沙土液化、山体滑坡、泥石流等地质条件敏感的区域，避开水文条件恶劣的地段，远离易燃易爆仓库、加油站、储气站等重大次生火灾或爆炸危险源，对在其周边选址的中小学必须要满足国家规范的不应小于 1 000 m 安全防护距离；同时禁止在有毒气体储存地、高压线走廊区域等对人身安全可能造成影响的范围之内选址；校园应建在阳光充足、排水通畅、地势较平坦开阔且地势较高的地段，便于排水，但山地城市，由于受地形因素的限制，城市用地紧张，许多中小学不得不建在有一定坡度的地块上，致使学校的安全性受到威胁。中小学地震应急避难场所建设，对学校周边环境和校园内部坡度的控制范围要进行科学合理的调研和分析，以确保其安全性。如果校园周边地形高差过大，山体岩层破碎，容易诱发滑坡及崩塌等灾害的区域，就不能建立地震应急避难场所。

二、内部建筑设施的安全性

汶川地震后，据相关统计，对极重灾区 -- 都江堰地区的 78 栋学校建筑进行调研，有 6% 倒塌，13% 严重破坏，超过 1/4 需要重建；另外在汶川县城进行 121 栋学校建筑中，有 77% 破坏程度是在 50% 以上的。学校建筑在汶川地震中受损严重，成为重灾区，学校建筑质量受到公众的质疑。汶川地震至今，有许多学校尤其是灾区学校进行大量的灾后重建和新建，学校主体建筑基本上是钢筋混凝土结构，学校抗震能力增强，但是由于受到经济条件的限制，许多城市中小学仍然保留了大量的砖混结构的建筑且随着时间的推移建筑不断老化，怎样确保校园建筑的安全性能够持续，成为一个急需解决的问题。本书从建筑设计、安全评估及技术上的抗震加固三个角度论述如何加强校园内部的建筑设施。

在建筑设计方面，首先满足中小学主要建筑如教学用房、宿舍和食堂等的抗震设防类别应不低于重点设防类（乙类），高于本地区抗震设防烈度一度的要求，加强其抗震措施；尤其对于新建或重建的建筑必须要严格按照本地区实际情况进行学校建筑抗震标准设防；其次小学的教学用房不能超过 4 层，中学的教学用房不能超过 5 层，便于学生在遇到地震、火灾等突发状况能够快速疏散；再则建筑要进行标准化设计，不追求设计的新颖性，便于防灾避难场所的设计安排；学校内各功能空间承担着不同的防灾避难功能，如体育馆会作为临时住所，食堂可以作为临时救灾物质的仓储，办公楼可以作为避难场所的指挥中心，教室可以为老弱病残者居住；最后保证建筑配置足够的抗震墙，结构加固所需要设置的二次墙应与原柱子、梁等做好刚性连接，使二次墙与原结构形成统一的整体结构。连廊、构架等附属物应注意与主体结构的连接，各构件之间应互相拉结，形成整体，既可以方便学生在灾时快速的疏散，又可以增强建筑的总体抗震性能。

建筑安全评估对其抗震加固和重建提供相应的理论依据，本书将建筑安全评估分为灾前和灾后评估两个部分来阐述。

对于灾前的安全评估我国可以借鉴日本的成功经验，引入 Is 值，Is 值越大，建筑物的抗震性能越强。Is 值的计算公式为：

$$Is=C*F*SD*T \tag{6-1}$$

式中，Is 为建筑物抗震性能的指标；C 为强度的指标；F 为韧性的指标；SD 为型状指标；T 为年代指标；若 Is < 0.3，地震对建筑造成的倒塌、损坏危险性高，建筑需要重建；若 $0.3 \leqslant$ Is<0.7，地震对建筑造成的倒塌、损坏存在危险性，需要抗震补强；若 Is $\geqslant$ 0.7，地震对建筑造成的倒塌、损坏危险性低，可以视为安全建筑。

虽然日本的抗震性能评估具有实操性，但由于我国和日本的国情不同，需要通过建筑结构领域的相关专家对我国的 Is 值的范围进行选取，便于指导我国建筑的加固和重建。

灾后安全评估主要是针对建筑应急危险度进行评估。灾害发生后，尚未倒塌的建筑或构筑物在余震、风力或其他外力作用下，会产生进一步的破坏。如果不及时对这类建筑进行鉴别，有可能导致更多的人员伤亡。因此需要在短时间内区分危险建筑和安全建筑，可以采用醒目的颜色来标识建筑物的安全等级。同时允许灾后安全建筑应急危险度判定结果与日后详细的安全评估鉴定存在一定的差别，注重时效性，对危险的建筑立即进行简单加固。对于看似简单的建筑应急危险度评估，却需要大量的检查员，因此必须要在平时训练出一批有资格的应急判断检查员，可以由有建筑专业知识背景的人担任。

从技术的角度对校园建筑进行抗震加固。目前抗震加固主要有增加建筑物强度和控制建筑物构建变形两种途径，可以综合运用这两种方法。对于现有的钢筋混凝土框架结构的学校建筑，大多采用填充钢筋混凝土墙的方法对其进行加固，因为这一方法已经有了大量的实践经验和广泛的实验分析研究。但此种方法对于建筑第二次改造的灵活性降低，同时增加建筑物的自重，而钢架支撑的加固方法却可以有效地克服传统钢筋混凝土墙的弱点，使建筑的灵活性加强，建筑的自重增加相对较少。汶川地震的惨痛教训使我国政府非常重视中小学校舍的安全，住建部在 2009 年颁发了《房屋建筑抗震加固（一）（中小学校舍抗震加固）》的图集，指导校舍的抗震加固。

三、周边环境的安全性

影响校园周边的环境因素主要分为自然因素和人为因素两方面。校园周边受地形、河流等因素的影响极大，尤其是山地城市的中小学，由于校园周边的地形坡度大，山体岩层破碎，易引发泥石流、滑坡等地质灾害，甚至对校园安全造成毁灭性的威胁。汶川地震中，位于山坡下的北川中学茅坝分校遭到滑坡整体掩埋，500多名学生被埋，全校只剩下半个操场（图6-1）。因此，需要对学校周围的自然环境做科学的分析研究，并采用加固坡道、设立挡土墙等工程措施来消除安全隐患。同时周边的建筑倒塌范围及对火灾的隔离也是影响校园安全的重要因素。校园周边的建筑物与校园的安全性也有密切的联系，根据夏南凯先生和田宝江先生的研究，房屋倒塌范围约为建筑高度的1/3（图6-2），因此需要严控校园周边的建筑高度，预留适当的安全距离，确保建筑物倒塌不危及学校的安全。学校可以根据周边的情况设立合适宽度的防火隔离带，避免周边的火灾蔓延到校园内部。

图 6-1 北川中学茅坝分校旧址

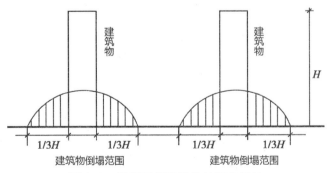

图 6-2 道路两侧建筑物的避灾退让

第四节　规模容量分析

本书的规模容量是指有效避难面积与有效的避难人数，它是衡量避难场所服务能力的重要指标。其中避难人口数等于有效的避难面积与人均有效避难面积的比值，计算公式为 $N=S_{总有效避难}/S_{人均避难}$。

一、有效避难面积

本书中的有效避难面积是指在中小学校园中能够为灾民提供应急避难场地的面积。一般是学校总面积扣除建筑倒塌范围面积、坡地、水域、灌木丛、道路面积、边角地及两栋建筑之间的空地等不适宜避难的区域面积（图 6-3）。

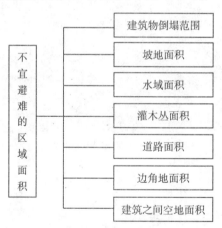

图 6-3　不宜作为有效避难面积的区域

建筑的倒塌范围可按照上文提到的建筑高度的 1/3 进行计算，并用 ArcGIS 做缓冲区分析，求出建筑物倒塌范围面积；坡地依据《地震应急避难场所场址及配套设计》（GB 21734—2008）中规定：有效面积应扣除坡度大于 7° 陡坡的占地面积来进行选取；水域面积、灌木丛面积和道路面积可以在 Autocad 中进行矢量化统计；边角地是校园中面积比较小，处于避难的灰色空间地带，应当扣除其面积（图6-4），可以在Autocad中进行统计；建筑之间的空地面积考虑到交通通行功能和建筑物倒塌的影响不计算在有效的避难面积之内。

图6-4　两栋建筑之间的空地

二、人均有效避难面积

对人在避难活动各种行为的相关研究表明，理论上 $1 m^2$/人满足紧急避难时站立或坐下时所需的空间，$2 m^2$/人满足紧急避难时躺下所需要的空间。若考虑固定避难者睡眠质量及一定的活动空间需要，则需要面积应在 $2 m^2$ 以上。

目前国内关于城市地震应急避难场所的分级的相关标准有《城镇防灾避难场所设计规范》（征求意见稿）、《城市抗震防灾规划标准》（GB 50413—2007）、《地震应急避难场所场址及配套设计》（GB 21734—2008）、《北京中心城地震应急避难场所（室外）规划纲要》、《防灾避难场所设计规范》（GB 51143—2015）、台湾防灾避难疏散场所分类等，其中涉及到不同分类标准的人均有效避难面积的指标。以下是6个主要防灾规划标准的指标表（表6-2 ~ 表6-7）。

表 6-2 《城镇防灾避难场所设计规范》（征求意见稿）防灾的主要指标

分类	紧急避难场所	固定避难场所	中心避难场所			
避难阶段	紧急	临时	短期	中期	长期	长期
时间 / 天	1	3	15	30	100	100
服务半径 /km	0.5	0.5	0.5 ~ 1	1 ~ 1.5	1.5 ~ 2.5	5 ~ 10
有效避难面积 /hm²	不限	不限	0.2 ~ 5		5 ~ 20	>20
人均有效面积 /m²	0.5	1	2	3	4.5	4.5

表 6-3 《城市抗震防灾规划标准》（GB 50413—2007）防灾的主要指标

分类	紧急避难场所	固定避难场所	中心避难场所
服务半径 /km	0.5	2 ~ 3	–
有效避难面积 /hm²	0.1	1	>50
人均有效面积 /m²	1	2	–

表 6-4 《地震应急避难场所场址及配套设施》（GB 21734—2008）防灾的主要指标

分类	Ⅲ类	Ⅱ类	Ⅰ类
时间 / 天	<10	10 ~ 30	>30
人均有效面积 /m²	1.5	1.5	1.5

表 6-5 《北京中心城地震应急避难场所（室外）规划纲要》防灾的主要指标

分类	紧急避难场所	固定避难场所
服务半径 /km	0.5	2 ~ 3
用地规模 /hm²	0.2	0.4
人均有效面积 /m²	1.5 ~ 2.0	2.0 ~ 3

表 6-6 《防灾避难场所设计规范》（GB 51143—2015）防灾的主要指标

分类	紧急避难场所	短期固定避难场所	中期固定避难场所	长期固定避难场所
有效避难面积 /hm²	不定	0.2	1.0	5.0
人均有效面积 /m²	0.5	2.0	3.0	4.5

表 6-7 台湾防灾避难疏散场所分类的主要指标

分类	紧急避难场所	临时避难场所及收容场所	中长期收容场所
服务半径 /km	0.27 ~ 0.35	0.35 ~ 0.80	2
人均有效面积 /m²	1	2	3

　　《城镇防灾避难场所设计规范》(征求意见稿)、《城市抗震防灾规划标准》(GB 50413—2007)都是从避难场所的规模、服务半径和人均有效面积的指标划分为紧急避难场所、固定避难场所和中心避难场所;《地震应急避难场所场址及配套设施》(GB 21734—2008)按照避难的时间和人均有效避难面积的指标分为Ⅰ类、Ⅱ类和Ⅲ类应急避难场所;《北京中心城地震应急避难场所(室外)规划纲要》从服务半径、用地规模和人均有效面积的指标方面把避难场所分为紧急避难场所和固定避难场所两类;《防灾避难场所设计规范》(GB 51143—2015)按照避难时间的不同阶段将避难场所划分紧急避难场所和短、中、长期固定避难场所四类,规定了各阶段避难场所有效避难面积和人均有效避难面积;台湾把防灾避难疏散场所分为紧急避难场所、临时避难场所及收容场所和中长期收容场所三类,并规定不同类别的服务半径和人均有效避难面积。

　　从上面的国家和地区的规范标准中可知避难场所主要分为三个等级,为了便于研究本书把避难场所分为紧急避难、固定避难场所和中心避难场所,考虑到避难场所不宜长时间对中小学的教学活动造成干扰,因此将中小学只作为短期的紧急避难场所和中长期的固定避难场所,不考虑其作为中心避难场所。本书根据《城市抗震防灾规划标准》(GB 50413—2007)、《城镇防灾避难场所设计规范》征求意见稿、台湾防灾避难疏散场所分类等规范以及人的行为活动空间将紧急避难场所和固定避难场所的人均有效避难面积定为 $1\ m^2/$ 人和 $2\ m^2/$ 人。

第五节　交通可达性分析

　　交通可达性是指某一地点到达另一个地点的交通便捷程度,也可以指其他地点到达这一地点的交通方便程度。在城市发生灾害时灾民能否快速的到达最近的避难场所以及消防、医疗救援能否在规定的时间内到达避难场所是衡量交通可达性的重要因素。本书从宏观和微观两个层面来分析交通可达性。

在宏观方面，目前国内有三种比较成熟的分析交通可达性模型的方法。具体评价方法如下。

1. 基于最小阻抗的可达性分析评价模型

目前最小阻抗的可达性分析方法运用的非常广泛，此方法用起点至所有目的地点的平均最小阻抗（通常以距离、时间或者费用等为成本）来作为出行点的可达性评价指标，可用来分析区域内各位置至其他位置的交通方便程度。具体公式如下：

$$a_i = \frac{1}{n-1} \sum_{\substack{j=1 \\ j \neq i}}^{n} \left(D_{ij} \right) \tag{6-2}$$

$$A_i = \frac{1}{n} \sum_{i=1}^{n} \left(a_i \right) \tag{6-3}$$

式中，a_i 为网络内节点 i 的可达性；A_i 为整个交通网络的可达性，即网络内各个节点可达性的平均值；D_{ij} 为节点 i、j 间的最小阻抗（距离、时间或者费用）。

本书用最小的出行时间作为阻抗，将研究区域的所有路口作为出发点，同时也可以作为目的点，计算各路口到其他路口的平均最短交通时间，以此来作为可达性评价的指标，衡量各个路口到其他地点的交通方便程度，并汇总各路口可达性的平均值，从而得到整个网络的交通可达性状况。

本方法的主要优点是计算方便，所需基础数据简单。主要缺点是它把所有目的地都作同等对待，没有考虑出行的目的性差异。

2. 基于平均出行时间的可达性分析评价模型

本模型考虑了出行目的的差异性，居民的出行行为是可以选择的。基于平均出行时间的可达性评价方法即中心点至所有吸引点的平均加权出行时间来作为可达性的评价指标。具体公式如下：

$$T_i = \sum_{\substack{j=1 \\ j \neq i}}^{n} Y P_{ij} T_{ij} Y \qquad （6-4）$$

$$P_{ij} = \frac{C_{ij}}{\sum_j C_{ij}} \qquad （6-5）$$

式中，P_{ij} 为代表中心点 i 至吸引点 j 的出行概率；T_{ij} 为代表中心点 i 至吸引点 j 的最短出行时间；C_{ij} 为代表中心点 i 到所有吸引点 j 的出行数量统计数据。

本模型出行的差异性主要表现在灾害发生时灾民选择应急避难场所的不同，因此在基于平均出行时间研究应急避难场所的可达性时主要从需求点到应急避难场所这个层面来研究，其他层面不予考虑。

3. 基于出行范围的可达性分析评价模型

此模型主要是计算各个位置在规定时间内的出行范围大小，若出行范围面积越大，则出行机动能力强，反之，能力则越弱。该评价模型只考虑出行点，不考虑出行的目的地，因此该模型得到的评价结果不同于前两个模型，但该模型能较好地反映出区域内交通设施的状况及不同地区的交通机动能力，居民能够真实反映现实感受。具体公式如下：

$$M_j = \frac{S_j}{\max S} \qquad （6-6）$$

对给定区域内的任意一点（j），搜索它在给定的时间（t）内能够到达的范围，计算这个范围的面积（S_j）。然后对所有的点，找出最大值（$\max S$），把 M_j 做为点（j）的交通可达性指标。

本书主要采用最小阻抗的交通可达性模型和出行范围的可达性模型进行分析绵阳中心城区的研究范围的可达性情况。

在微观方面，本书以中小学为基点，从服务半径、周边道路、出入口的数量和位置与最近医院和消防站的距离四个方面来分析中小学避难场所的交通可达性。

一、服务半径

服务半径是指居民到最近避难场所进行避难所走的最大路程或花费的最长时间，它是划分避难场所服务范围的重要依据。不同规范之间对紧急避难场所和固定避难场所的服务半径的设置有差异。在《城市抗震防灾规划标准》（GB 50413—2007）和《北京中心城地震应急避难场所（室外）规划纲要》中明确规定"紧急避难场所的服务半径为 500 m，固定避难场所的服务半径为 2 000 ~ 3 000 m"，而《城镇防灾避难场所设计规范》征求意见稿规定"紧急避难场所的服务半径为 500 m，固定避难场所的服务半径为 500 ~ 2 500 m"，这三个规范标准都规定紧急避难场所的服务半径为 500 m，但对固定避难场所的服务半径有明显不同。本书参考《城市抗震防灾规划标准》（GB 50413—2007）将作为紧急避难场所的中小学的服务半径定为 500 m，固定避难场所的服务半径定为 2 000 m，满足 10 min 内到达中小学紧急避难场所，30 min 之内到达固定避难场所。

本书通过大量的实际调研，统计出中小学有效避难面积，结合避难面积的大小进行避难场所等级划分，并在 ArcGIS 中基于城市路径，以紧急避难场所 500 m 和固定避难场所 2 000 m 做缓冲区分析，得出不规则多边形，从而可以计算出中小学的避难场所的实际服务范围。相对于传统的缓冲区分析，基于路径的缓冲区分析更加能够反映避难场所的服务区能力。

二、周边道路

校园周边的道路是校园内部与城市外部进行联系的纽带，其通达性是灾民从外部进入校园进行避难疏散和物资运输得以实现的重要保证。周边道路的宽度和数量成为交通可达性的重要因素。《汶川地震灾后重建学校规划建筑设计导则》（教发[2008]26 号）明确规定校园选址应保证校门前有不小于 7m 宽的校外道路，但是并没有考虑到灾时周边建筑倒塌是否阻碍道路畅通。尤其是一些城市的老城区的中小学由于历史原因导致学校占地面积小且周边建筑物开发强度高，道路后退建筑红线少导致灾时道路的宽度不能满足灾民疏散和运输救援物质的功能，因此政府需要协调各方面的利益关系拓宽原有道路。本书通过借鉴夏南凯先生和田宝江先生关于建筑物倒塌范围与建筑高度关系，模拟处建筑物倒塌后道路的有效道路宽度，对于有效宽度大于 4 m 以上的基本满足灾时通行的需求。在满足道路宽度的基础上，周边道路的数量越多，交通可达性就越好。周边道路越多，灾民避难时可供选择的路径就越多，疏散的效率就会相应的提高。但实际上有些中小学由于受到地形、河流等自然因素的限制，导致学校只有一面或者两面靠近城市道路，学校与城市外部的联通性较差，不利于灾民迅速疏散到中小学应急避难场所。因此校园周边路网是维系中小学避难场所高效运行的前提和基础。

三、校园出入口

校园出入口是校园与城市进行连接的重要节点，也是校园内外部的过渡空间。出入口的位置和数量、入口广场的开阔程度、校门口的形式及附近的标识系统直接关系到避灾人群能否安全地进入校园进行避难，是影响校园与外部联系的重要因子。

校园出入口的数量及方位决定避难人员能否迅速地到达中小学地震应急避难场所。学校的主要出入口不宜设置在城市交通主干道上，应在不同方位设置两个以上的出入口，即使一个方位的出入口出现状况，不至于影响整个中小学应急避难场所的使用。

校园的出入口应设置缓冲广场，一方面可以提高学生的安全系数，另一方面可以起到快速疏散的作用。入口广场设置越大容纳的人数就越多，灾时避难人群进入校园避难场所花费的时间就越短。学校应该根据学生人数以及学校的面积合理地设置入口广场。

校门口成为避难人群进入避难场所必须经历的最后一道"屏障"，其设置形式成为影响灾民能否进入避难场所的重要因素。从防灾角度出发，校门不宜采用构筑物下穿的形式，灾时一旦建筑物倒塌避灾人群无法进入校园避难，建议使用宜采用伸缩门、铁质或不锈钢门的形式。

校园出入口附近的标识系统对于避难疏散具有引导作用。设置醒目、明确的标识系统，在灾难初期，能够引导避难人流快速辨识避难场所，有助于减少避难人群的盲目性，在后期也能为组织救灾，运输救灾物资等提供导向。

四、与最近医院和消防站的距离

（一）与最近医院的距离

当灾害发生时避难人群中会出现受伤的情况，若没有得到及时的治疗，甚至会危及生命安全，因此必须考虑医院与中小学避难场所的距离。在相关文献中提到最佳的救护时间定为 5 min。在本书中，为了便于计算与统计将 5 min 作为时间线，考虑到灾时城市道路的通行能力，将救护车的车速设为 36 km/h，得出距离大约 3 000 m，对于大于 3 000 m 的视为不满足。

（二）与最近消防站的距离

当地震发生时，往往会伴随着次生灾害的发生，如果没有得到及时的消防救助，会导致次生灾害扩大化，增加灾害的损失。因此必须考虑消防站与中小学避难场所的距离。根据中华人民共和国消防条例的规定：需要在 5 min 之内到达救援地点。本书为了更好地评价消防站与避难场所的距离，同上述医院与避难场所距离的方法一样，将 5 min 化为 3 000 m，对于大于 3 000 m 视为不满足。

第六节　配套设施分析

校园内部的配套设施完善程度是影响避难场所效率正常发挥的重要因子，应做到平灾结合，降低维护成本。学校内部的配套设施主要包括水电气设施、消防设施、医疗设施、环卫设施和通讯设备等。考虑灾后的利用，确保相关配套设施的抗震性能。

1. 水电气设施

（1）水。有条件的学校可以建设游泳池，设立净水装置及相应的配管设备，通过预留的发电设备保证净水机的运行；在室外的运动场附近设置一定数量的预留口和水槽；通过对校园进行全面的调查，寻找能够提供干净的水源区域，设立水井，可以解决部分生活用水和饮用水问题；灾害发生时，为了节约用水，可对水进行二次利用。

（2）电。作为避难场所的中小学应该储存独立的发电设备，供灾时使用。学校应拥有几台柴油发电机，保证灾时照明的需求；有条件的学校可以采用太阳能等自然能源充电式照明设备。夜间照明可以满足避难的需要，同时可以缓解灾民焦躁不安的情绪。

（3）气。储备液化石油气及必要设备，用于烹饪及热水供给。采取适当的安全措施，并在平常时期定期检查维护。

2. 消防设施

在学校的教学楼、食堂、宿舍等主要建筑应设立消火栓，火灾发生早期能够灭火，控制火势蔓延。学校应该根据建筑的规模设置消防设施的位置和数量，但不应干扰学生的生活；应设置防火门，隔断火势的蔓延；对于建筑面积大于 500 m² 均应设置火灾自动报警系统，火灾发生后迅速通报消防部门，并引导学生疏散。学校应该定期对消防设施进行维护和检查，对不符合要求的设施及时进行更换。

3. 医疗设施

学校应该根据学生的人数设置医务室的规模，在平时可以为学生提供基本的医疗服务，灾时可以为避灾群体提供简单的救护；储备急救箱、担架等医疗器材便于灾时救护工作的展开。

4. 环卫设施

灾害发生时，避难场所的卫生条件直接影响避难群体的生活质量，是避难场所能否可持续避难的关键。作为避难场所的学校，厕所成为灾时避难群体应急需求；一般考虑室外场地设置临时厕所或预留临时厕所的位置，同时需要考虑污物的处理。根据避难场所的容量储备适当的垃圾收集箱，确保灾时垃圾能够得到有效的收集。

5. 通讯设备

通讯系统能起到收集和传递信息的功能。在学校的走廊、教室等学生密集的地方设立监控器和音响设备，平时便于监测学生的活动和传播信息，灾时可以观测避难群体的动向以及便于指挥管理灾民，并通过广播传递最新的灾害信息。

第七节　应急管理分析

汶川地震的桑枣中学创下了师生无一伤亡的奇迹，赢得了社会的广泛赞誉，这除了与学校重视加固学校建筑外，还与学校领导重视防灾教育与演练、制定多种应急预案等应急管理息息相关。因此学校的领导应该高度重视应急管理工作，做到有备无患。

作者认为避难场所的应急管理应坚持平灾转换的原则，既要平时制定一套完善的管理机制，为学生的学习和生活服务，又要考虑灾害发生时避难场所如何高效地运营和管理，发挥避难场所的功能。灾害发生时，避难群体进入校园，组织和管理工作变得复杂，作者认为应根据灾害发生的不同阶段调整管理的任务。本书把灾害发生后的中小学避难场所的管理分为四个阶段（图6-5）。

（1）紧急阶段：灾害发生至灾后3 h，主要管理工作有紧急疏散；生命救护；避难指引；防灾设备的准备；受灾状况统计。

（2）应急阶段：灾后3～72 h，主要管理工作有饮用水和救援物质的供给；环卫设施的使用和引导；供电设施的使用；受灾状况统计。

（3）过渡阶段：受灾后3天至第3周，主要管理工作有救援物质的供给；医疗、给水和垃圾处理等；恢复教学工作；受灾状况统计。

（4）恢复阶段：第3周后，主要的管理工作有对避难场所进行修复、改造和维护。

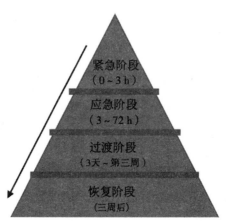

图6-5　不同时间的管理阶段示意图

总之，校园应急避难场所应根据不同时间阶段的特点做出相应的应急预案，定期进行防灾的教育和演练，增强师生的防灾意识，提高灾时的反应速度；同时可以使不同阶段的管理工作能够有条不紊地进行。

第七章　中小学校应急疏散导向系统设计

第一节　中小学应急疏散导向系统设计方法

一、中小学应急疏散导向系统设计流程

中小学应急疏散导向系统设计是工程量较大的系统型工程，工序多、耗时长，为保证应急疏散导向系统设计成果的科学规范性，工作流程一般在其系统方针和框架结构定稿之后分阶段性地进行划分。

（一）准备

一般较为大型的导向系统设计需先行建立工作小组，事先对所设计的环境进行实地调查，在了解环境之后有针对性地收集整理相关理论数据和相关案例材料。随之对设计风格、工艺材质、预期效果进行初步的设想和论证。

（二）设计

在收集到的设计目标实地材料、相关的理论数据基础之上，对手头所有材料进行整理、分析、提炼、总结，经过论证，初步敲定导向系统设计的整理风格和设计主线。

在确定风格之后随即进行导向系统标识初步设计，并对设计初稿进行打样，放置于相对应的空间之中进行初步评价，然

后根据各方面的实际情况和部分初试意见对其图文排列、颜色搭配、材质选择进行调整优化。在优化后最终形成确定的设计稿。

（三）施工

在设计定稿之后，从安装方式、制造工艺、框架结构等方面进行施工设计，协助工程方出具工程图。

在导向标识安装完毕之后，设计方应该向导向标识使用方讲解说明导向标识的设计特点，向导向标识维护管理人员讲解维护方式和特点。

在使用导向标识相当长的时间之后，设计人员应对其导向标识设备进行使用适应协调评估，系统地发现导向标识在使用过程中所存在的问题，如切实发现问题则应该及时地给予纠正维护。

二、中小学应急疏散导向系统设置规范

在中小学应急疏散过程中，疏散导向系统对疏散事件的影响极为重大，所以，导向系统标识设计和设置是否合理是应急疏散管理系统中尤为需要注意的。导向标识设置的不合理有可能会导致疏散人群无法准确地按照导向标识找到正确的疏散路线和安全出口的位置，可能会出现疏散参与者在按照导向标识指引进行疏散的过程中因为导向标识信息的突然中断导致疏散参与人群出现混乱的局面。与此同时，导向标识应该放置于绝对安全的地方，保证不对使用者造成潜在伤害威胁，应急导向系统的设置原则上应该遵循《城市人员密集场所导向系统设置规范》的相关规范性条款进行设计，而不能根据设计师自身的主观意愿进行随意创作。

中小学应急疏散导向系统设计应该遵照 GB/T 2893、GB 2894 和 GB/T 2050 等国标规范，图标设计遵照 GB/T 10001 和 GB/T 17695 国标要求，灯光导向系统标识的电光、磷光使用按

照 GB/T 23809 的要求。

导向标识的各项要素中，文字符号和背景的对比要鲜明突出，同时应该注意不要和广告等标牌混搭设置，导向标识的设置位置一定要在所处环境之中的醒目地方避免被其他物体遮挡，确保在紧急情况下，在光线昏暗、烟雾缭绕的时候也可以很容易地被发现。

三、中小学应急疏散导向系统设置规划

（一）布局设置

一般来说公共场所的导向标识安装在墙面和镶嵌在地板上（图 7-1），因其所在位置不一样，其适用范围也会随之有所差别。墙体导向标识对应急疏散参与者的适用范围是半圆辐射，地面嵌入式导向标识对于应急疏散参与者的适用范围是全圆形辐射。相对于地面嵌入式导向标识，墙体导向标识在突发事件应急疏散中起到的作用要大于地面嵌入式导向标识，其节约的疏散时间也相比较更大一些。

图 7-1　嵌入在地面的应急导向标识

（二）高度设置

根据安装位置高度的不同，可以把应急疏散导向标识划分为高、中、低位。高位应急疏散导向标识一般为安装在高于或者等于 1.8 m 位置的安全导向标识。与高位应急疏散导向标识相对应的低位应急疏散导向标识一般为安装在地面或者略高于地面位置的安全导向标识。

低位应急疏散导向标识在火灾等灾害下，对人们的应急疏散的帮助非常重要。火灾等突发灾害发生的时候，烟雾在接近地面的位置最少，氧气也是最多，低位应急疏散导向标识在这个时候更加地有利于应急疏散参与者在弯腰前行的时候便于视觉接受导向信息（图 7-2）。

图 7-2　小学生火灾疏散时弯腰前行图示

低位设置的应急疏散照明灯照明光线亮度较低，主要起到导向疏散路径的作用。设置在高位的应急疏散照明灯一般在火灾等突发灾害造成的烟雾尘埃环境中主要起到照明的作用，有利于减少烟雾对应急疏散参与者的视线影响。

（三）设置密度

在面积相对一定的空间内，导向标识设置过多或者过少都并非恰当之举，设置导向标识的数量少了，会直接对应急疏散效率造成影响，设置的导向标识多了，其制作和设置成本也会随之的增加。

通过刘娟等人曾做的一个关于疏散导向标识设置实验得知，应急疏散导向标识的设立布置不应该只是单纯地在数目的多少上评价应急疏散导向标识的有效性。在面积相对固定的空间之中，导向标识的设置数量有一个最佳的节点，标识数目多过于这个节点的时候，应急疏散的实际效果不会因为标识数量的增加而提升，但是当导向标识设置的数量少过于这个最佳节点的时候便会使疏散效果得到影响。标识设置的时候按照这个最佳的节点进行导向标识数量密度的布置，就是标识在已定空间内设置的最好的方案。

第二节　中小学应急疏散导向标识现存问题

一、现存问题

在应急疏散过程之中，应急疏散的参与者在出教室、走廊疏散、楼梯疏散、操场集合的过程中均需导向标识进行有效的指引，导向标识设置不合理、图文信息失真均会影响疏散参与者对于准确疏散方向的判断，从而造成疏散时间增加，增加应急疏散参与者的危险系数。

就目前来看国内对中小学校园之中的导向人性化设计的考虑不足，多是传统市面上销售的应急疏散标识牌和应急疏散灯光。应急疏散导向标识设计中对设计细节的处理有所缺失，导向标识设置的位置高度、文字字符排列、颜色设定大多主要是根据设计者的主观经验进行设计，设计过程未参照相关国标文件标准进行，缺乏理论依据支撑。

现阶段，大多导向标识设计高度高低不一，对中小学生的身高、视角考虑的不多，同时存在着导向信息连贯性差、导向标识相隔距离过大或者过小等问题。中小学校园的导向标识大多是在不同的时间段中逐步添加的，导向标识的规格、材质、形式等方面不统一，甚至于有些标识的图文信息并非严格地按照国标设置。现阶段导向标识设计过程的现状导致了导向标识的规范性、统一性几乎无法得到很好的保证。

二、问题原因

（1）中小学校园的管理者对应急疏散的重要关注点在建筑和应急疏散管理制度的建设、应急疏散教育等问题上，而对于中小学生在应急疏散过程中应急疏散的导向有效性和导向标识设计的关注和重视程度远远不够。应急疏散的导向标识受重视不够会导致中小学导向标识系统设计整体不够完善和科学，乃至于有可能成为疏散效率降低、中小学生在疏散过程中出现拥堵的直接或者间接的原因。

（2）现阶段我国城市轨道交通、铁路车站、公共空间等不同公共区域的导向标识设计标准不统一，各有各的行业国标规范进行约定。中小学校园内的导向标识一般采用市面上现有的导向标识产品，产品在规范上互不统一，规范程度不高。

（3）就国内而言，标识的空间设置优化的研究不多，中小学校园应急疏散导向的优化设计研究就更加不足。导向标识设置不够严谨规范、设计方法不够科学合理，因此导向标识的设置呈现出不少问题。

（4）国家在导向标识的相关国标规定中，对图文符号和颜色元素的应用组合以及相当一部分的具体标准化规定没有进行明确的定义，在设计者对导向标识进行设计的过程当中对国标标准的认知应用不够，在实际的情况之中，相当程度的存在着与国标不相符的非标准化的导向标识问题。

（5）中小学应急导向的受众是中小学在校师生，所以导向标识的设置应满足于中小学生方便快速、同时安全地接收导向信息。但是由于大多数导向标识设计者一部分的基础理论相当地欠缺，对标识当中人文因素关注不够，因此导向标识的针对性适用程度并不高。

三、设计应对

（1）让应急疏散参与者能够快速地识别导向标识是导向设计最基本的设计目的，导向标识的醒目性应该放在设计第一位的重要位置，导向标识应该确保其在夜晚也能够拥有足够的照明或内置光源以保证中小学师生全天候地可以便捷地识别出标识信息。

（2）导向标识的版式设计应该广泛地考虑到中小学学生生理、心理特征和视野范围问题，在字体和对比色的科学运用、图形文字的排列、字里行间、留白面积等问题着重进行思考。

（3）把导向标识设置结合校园应急疏散流线设置在最合理的位置，将导向标识的版面正面和应急疏散主流线垂直设置，应急疏散过程中的导向流线变更次数越少、流程越短越好。

（4）考虑到学生中弱视、近视等群体的存在，把触摸型、语音导向型导向标识合理地补充，导向标识的可辨识度进行增强，在昏暗等光线不足的环境中外部照明或自发光可保证标识的可辨识度。

（5）中小学应急导向标识在设计上，不管是形式材质、图文排列、颜色搭配等各个方面都应该保持其一致性，并且还需要和所处校园的相关环境相搭配，动态、静态标识相辅相成，共同地构成连续稳定的标识系统。

（6）中小学应急导向标识需要有评价反馈机制，从应急导向主要的参与者中小学生的角度出发，对其标识标准、使用效果等方面进行相应的科学客观评价，以期为以后的中小学应急导向标识设计的升级优化提供有针对性的参照。

第三节 应急导向标识设计

一、标准文字

文字是导向标识中最重要的传播元素，是各设计元素中的重中之重，本导向标识设计的标准文字严格遵照《GB/T 20501.2—2006 公共信息导向系统要素的设计原则与要求第 2 部分：文字标志及相关要素》等国标准则要求。

标准字体的选择要求具有美感和内涵，但是中小学生疏散最重要的是让应急疏散主要参与者中小学生能够尽可能快速地识别导向信息，这才是中小学应急疏散导向系统设计中的刚需。

不同字的字体的可读性有着很大的区别，宋体、黑体的可辨识度比较的强，隶书属于装饰性较强的字体，在宋、黑、魏、楷、隶等字体中辨识度较弱。其可读性排序为：宋体＞黑体＞魏体＞仿宋＞行楷＞楷体＞隶书。正确的选择字体可以减少疏散参与者对于导向信息的识别时间，降低其眼睛观察的疲劳度。

导向标识设计选用字体边缘清晰易辨认、适用范围广泛、易读性强的黑体，英文字体选用字体形态规范严谨的国际通用的 Arial Regular 体。设定字体有效面积高度为 L，则字体面积上下边缘与标识牌上下边缘的最小高度不得低于 $0.65L$，两者之间的左右边缘距离不少于 $0.45L$（图 7-3）。

关于导向标识设计的版式要求，在国标《GB13495—1992 消防安全标志》中有所要求，如图 7-4 所示。导向标识版式为横版排列的时候，图文搭配形式为文字放置于图案下方或者放置于图形左右侧（图 7-5）。

图 7-3 导向标识文字规范

图 7-4 导向标识的横版图文排列

图 7-5 方向图标和文字和排方式

在导向标识的指示方向的箭头图标和通用图标并列连用的时候，文字元素应该放置于指示方向的箭头图标下方位置（图7-5）。

二、标准图形

本书在优化升级再创作的过程中，其图形的设置设计参照并且遵循国标的相关标准，如《GB 13495—1992 消防安全标志》、《GB/T 2893 图形符号安全色和安全标志》、《GB 2894 安全标志及其使用导则》《GB/T 15565 图形符号术语》等相关国标规定的相关规范，包括图文排列的顺序和位置样式等。本书参考《GB

13495—1992 消防安全标志》《GB2894 安全标志及其使用导则》等国标文件的相关设定，可适用在中小学应急疏散导向系统标识设计的图形主要如图 7-6 所示。

图 7-6　依据国标适用的标准图形

三、标准色

设计中导向系统的颜色在国标《GB2893—2008 安全色》文件标准中做了规范性的设定，根据国家国标相关标准《GB2893—2008 安全色》中的条款规定，对应急疏散导向系统标识所涉及的颜色元素给予分类，为安全色以及对比色进行设计工作前的分析和解读。

在导向标识的安全色设定上优先选用红、黄、蓝、绿四种颜色设定，与之相对应的对比颜色分别为白、黑色两种颜色。红色表禁止、蓝色表指令、黄色表警告、绿色表安全。参考国标相关规定，安全色和对比色的搭配应该按照相关的规范性、科学性的要求进行。

在本书中，为导向标识的配色标准统一，标识设计所用的颜色应该选择高对比度、亮度的颜色，以便于应急疏散主要参与者进行接收识别颜色信息。对红、黄、蓝、绿四色按照国标《GB2893—2008 安全色》的文件标准规范要求进行设定。

四、材料的使用

在所有的标识设计之中，应急疏散导向标识相比较普通标识具有其自我特殊性，应急疏散导向系统标识在其自身具有最基本的导向功能的同时，又需要在各种突发情况发生的时候仍然可以很好地发挥其导向作用。所以，应急疏散导向系统标识在制作材料的选择上需严格地挑选，材料的耐用、可靠应作为重要的参考标准，确保其能够耐火，在化学物质等强腐性腐蚀的时候仍可发挥其导向作用。

（1）耐用。应急导向标识是中小学校园中长期设置并且十分重要的基础性设施，导向标识的质量好坏直接影响到了突发事件到来时应急疏散效率的问题。由此可见应急疏散导向系统标识设计制作的时候所使用的材料应该是选材上乘、经久耐用的优质材料。

（2）耐火。通过相关研究文献报告统计，发生在公共场所的突发事件之中，大约有着80%的情况都会伴随有高温、火光等失火情况，在这个情况下，如果设计选用耐火性差的材料进行设置，则当应急疏散导向标识会在突发事件发生时因被火光破坏从而自身的导向功能无法发挥作用（图7-7）。

图7-7　中小学现有的应急疏散导向系统标识耐火性比较差

（3）耐腐蚀。在中小学校园突发事件中，应考虑到实验室化学物质泄漏带来的突发情况，所以应急导向标识的设计应该考虑到这个情况的发生，为确保在化学物质泄漏的环境中导向标识的正常使用，所以在中小学校园设置的导向标识应具备很强的耐腐蚀性的特征。

（4）耐脏。以中小学生的身高等生理特征而言，在中小学校园应急疏散导向标识的设置中，在低位和地面设置导向标识称为导向标识的必须设置。课间和遇到突发事件发生的时候，人流量大极其容易造成标识的污损，所以导向标识的耐脏性尤为重要。

（5）辨识度高。在应急导向标识应用的过程之中，应当考虑到突发事件发生造成的浓烟或者停电所导致的黑暗情况。在导向标识的设计上应优先选用可自发光材料和自供电结构，以使导向标识在出现以上情况的时候可以正常地发挥导向作用。

综上所述，在导向标识设计的材料使用方面，应选择耐用、耐火、耐脏、耐腐蚀，具有辨识度高等特点的材料。经作者对市场现有材料进行对比分析，选取了几种作者认为较为适合的材料作为导向标识的备选材料。

石英玻璃：作者在挑选了多种材质后，认为石英玻璃具有很好的耐高温性和耐脏防潮特性，作为导向标识的组成材料较为合适。石英成分主要由 Si-O 组成，结构紧密化学性能好，在高温下，石英也具有十分稳定的化学反应。石英具有高透光性和高硬度的特质，作为导向标识的表面保护材料可以很好地保护表示内层结构不受破坏。

夜光粉：夜光粉具有光致储能的作用，具有可以自发光的固态晶体状的结构。夜光粉在有光照的时候可以自动吸收光能，在黑暗环境来临的时候自动发光。一般情况下，吸光粉具有 20 年左右的使用寿命，在有灯光照明或者日光的情况下大约 5 min 就可以吸收大量的储存光能，然后可以保持 12 个小时及其以上的发光时长，在阴暗的环境之中持续释放光能。导向标识中的图文符号元素使用夜光粉制作可以使导向标识在黑暗的环境之中也能够被应急疏散参与者很好地接收到导向信息。

阻燃型 PVC：PVC 塑料材质是十分常见的标示牌制作材料，通过加入阻燃成分制作的 PVC 塑料在保持原有 PVC 塑料稳定、可塑的特性的同时还可以增加其材料的耐热性能，运用在导向标识中可以适应火灾等突发情况的发生。

五、标识设计方案

在本书中，作者详尽分析了导向标识的文字、图形、颜色、材料在导向标识之中的科学规范化应用。接下来，将会分类别介绍中小学应急疏散导向标识设计的设计方案。全套完整的中小学应急疏散导向系统设计包括：导向标识设施和应急导向照明设施，固定设施和可移动临时性设施相结合（表 7-1，表 7-2）。

表 7-1　导向标识设施统计表

导向标识						
高位导向标识	低位导向标识	地面导向标识	应急设施标识	楼梯应急导向标识	触摸型应急导向标识	流动型临时性应急导向标识

表 7-2　应急导向照明设施统计表

应急导向照明设施	
高位应急导向照明设施	低位应急导向照明设施

（一）高位语音应急导向标识设计方案

根据本书关于高位应急疏散导向标识的相关研究，在突发事件发生的前面的阶段，因为高位导向标识距离人的视线较远，便于疏散人员的视野观察，所以相对比于低位导向标识而言能够产生的导向作用比较大。由此，本书在高位应急标识设计的时候应该考虑到高位标识距离人的视线比较远，应该给予高位导向标识更大的版面，以方便于疏散参与者接收阅读导向信息。

如图 7-8 所示，本书根据高位导向标识传播范围较为广的特点，在设计方案中加入语音导向设置，在高位导向标识当中加入感应装置，当发生剧烈震动或者出现烟雾的时候语音导向自动开启，各个位置的语音导向可以根据方位进行调节，以准确地提示应急疏散参与者正确的疏散方向。

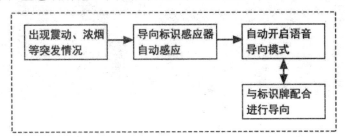

图 7-8　高位导向标识语音导向启动流程

　　如图 7-9 所示，本书的导向标识设计方案材质由外到里依次为石英玻璃、阻燃性 PVC（图文符号部分使用夜光粉），语音导向装置位于标志上部，如此设置可以最大可能地减少非标识部分对于应急疏散参与者接收标识的其他非关联影响。本方案中，石英玻璃以其耐脏、耐热、抗火性可以有效地保护内部结构和标识部分不受外界温度、污渍影响，以确保标识可以长期稳定地进行有效工作。导向标识图文部分按照《GB 15630—1995 消防安全标志设置要求》的相关规定，其表面的夜光粉自发光面积亮度不小于 0.51 cd/㎡，最大、最小亮度比文字部分不超过 3：2，图形部分不超过 5：2（图 7-10）。

图 7-9　中小学高位应急疏散导向标识设计方案

图 7-10　导向标识在黑暗条件下

　　本设计方案中，依据《GB 15630—1995 消防安全标志设置要求》标识下沿边缘距离地面不小于 2 m，高位导向标识设计尺寸长为 40 cm，高为 20 cm，宽为 4 cm（图 7.11）。

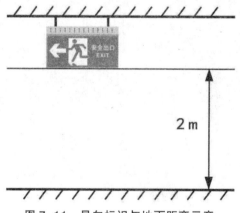

图 7-11　导向标识与地面距离示意

　　（二）低位语音应急导向标识设计方案

　　低位语音导向标识相比与高位语音导向标识而言，一般安装于接近地面的疏散通道墙面两侧不高于 1 m 的位置，本次设计的高低位导向标识在工作原理、状态上一样。因使用条件影响，低位应急导向标识尺寸长为 30 cm，高为 15 cm，宽为 4 cm（图 7-12，图 7-13）。

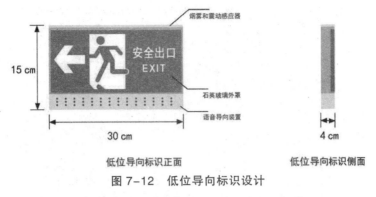

低位导向标识正面　　　　　　　　低位导向标识侧面

图 7-12　低位导向标识设计

图 7-13　低位导向标识场景应用

（三）地面应急指示标识设计方案

　　中小学校园几乎没有设置放置于地面的应急疏散导向标识，本书对中小学应急疏散导向系统提出构架综合立体式导向系统。设置地面应急导向标识也是本书研究的重要组成部分，因地面应急导向标识是安装在地面的，所以容易被损坏，所以地面标识的结构材料设计需要特别的注重。

　　地面导向标识为地面嵌入式，要求不易损坏、经久耐用，为了达到这个要求，作者标识设计外层为石英玻璃结构，可以耐高温、踩踏和重复摩擦冲洗，能够很好地保护内部的高耐火PVC材料底板和自发光导向图文（图 7-14，图 7-15）。

图 7-14 地面导向标识阴暗场景应用

图 7-15 地面导向标识结构

（四）应急设施指示标识设计方案

本书中作者对中小学应急疏散导向系统设施之中的设施指示标识的设计也很重视，应急设施的指示标识是否明确醒目关系到需要使用应急设施的人能够快速地根据指示找到应急设施的具体位置，从而节约寻找应急设施的时间，为此应急设施指示标志必须要具有很好的耐用性，清晰醒目，具有很高的可识别性，以方便寻找。为保标识高识别度，本应急设施指示标识设计长宽厚度尺寸为 50 cm × 30 cm × 2 cm。

应急设施指示标识结构从外到内为高硬度、高耐温石英玻璃，耐高温 PVC，底座。石英玻璃可以保护标识内板不受损伤，增加标识的使用寿命，PVC 材料是标识图文符号信息很好的承载物，加上夜光粉的添加，可以在光线不足的环境之中同样起到易识别的效果（图 7-16，图 7-17）。

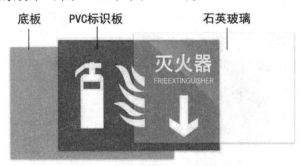

图 7-16 应急设施标识结构图

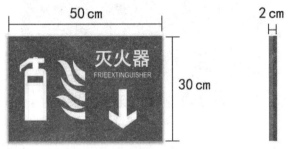

图 7-17 应急设施标识尺寸图

（五）楼梯应急导向标识设计方案

中小学教学楼、宿舍楼楼梯是应急疏散的重要通道，由于中小学应急疏散时候人数多，所以在楼梯处设置相当数量的应急导向标识才能够提高标识的可识别度。在标识的结构上，与上述设计相同，由外而内分别是石英玻璃起到保护作用，内部标识板材使用耐高温 PVC，标识图文使用夜光粉制作起到储光、自发光的作用（图 7-18）。

（六）触摸型应急导向标识设计方案

从心理学可知，人在处身危险之中时，会本能地发挥主观能动性，通过力所能及的各种方式获取救援信息。本书在视觉、听觉导向标识设计的基础上尝试增加触觉型导向标识，与其他导向设计一起成为感官功能互补设计，以拓展应急疏散导向系统的广度，从而尽可能地增加应急疏散参与者接收疏散信息的效率，从而更进一步地减少疏散时间。

图 7-18　楼梯应急导向标识阴暗场景应用

因触摸型导向标识设计需设置在可以方便人手接触的位置，所以其导向标识的耐磨性、防火性必须得到保障。根据需求特征，如图 7-19 所示，本次触摸型导向标示采用不锈钢材质制作，根据首都经济贸易大学冯艳春《触摸型疏散指示标志研究》论文中对触摸型导向标识导向符号的实验研究结论，作者选取箭头作为触摸型导向标识基本的设计符号，以不锈钢材质为载体进行设计。触摸型导向标识应布点于楼道走廊、楼梯把手等处应急疏散主要的必经通道，放置于应急疏散参与者触手可及的地方（图 7-20）。

图 7-19　中小学应急疏散导向系统触摸型应急导向标识设计

图 7-20　楼梯应急导向标识场景应用（楼道扶手）

（七）流动型临时性应急导向标识设计方案

在高位、低位应急导向标识设计，应急设施指示标识设计，楼梯应急导向标识设计，触摸型应急导向标识设计的基础上，设计设置流动型临时性应急导向标识作为中小学应急疏散导向系统的有效补充，在固定设施部分损坏失效的时候起到应急导向系统的补救作用，使得最大限度地把应急导向标识的疏散导向功能得以最大化发挥。

如图 7-21 所示，流动型临时性应急导向标识在应急疏散必要时放置于损坏的固定导向标示处，或置于教学楼通向操场空地等关键出口位置。设置体积小巧，以不锈钢作为结构框架，包含智能语音导向系统、智能充电提示系统。导向信息版面部分由外而内分别是石英玻璃起到保护作用，内部标识板材使用耐高温 PVC，标识图文使用夜光粉制作起到储光、自发光的作用（图 7-22）。

图 7-21　中小学应急疏散导向系统流动型临时性应急导向标识设计

图 7-22　流动型临时性应急导向标识应用

六、应急导向照明设计方案

在中小学应急疏散导向系统之中，应急疏散照明系统是其中非常重要的一个环节，起到照明和疏散导向的作用。一般来说，完整的应急导向照明系统应该包括高位应急照明灯和低位应急导向灯，以达到最佳的疏散导向效果。本设计相对于传统应急导向灯的特点：本设计方案包含了智能语音导向系统、智能充电提示系统。

（一）高位应急导向照明灯

高位应急导向灯为中小学应急疏散提供紧急照明使用，放置于应急通道两侧比较高的位置。本设计在应急导向灯设置了智能语音导向系统、智能充电提示系统，在应急疏散过程中，不仅提供了导向照明的作用，而且还可以给予应急疏散参与者不间断的语音导向。在平时，高位应急导向照明灯为熄灭状态，当遇到停电、烟雾等情况时，该设备自动切换至储电池供电，打开 LED 灯光（图 7-23，图 7-24）。

图 7-23　高位应急导向照明灯阴暗场景应用

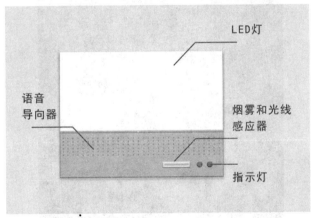

图 7-24　中小学应急疏散导向系统高位应急导向照明灯结构图

（二）低位应急导向照明灯

当处于浓烟环境中时，高位应急导向灯的照明效果不如低位应急导向等的照明导向效果好，因此，高低位应急导向灯配合使用可以使得应急导向照明效果更好。

本书低位语音应急导向照明灯布置方式设计为镶嵌式安装，宽高尺寸 10 cm × 9 cm，表层为石英玻璃，安装高度为 $h < 1$ m，

内置有充电电池，在平时正常状态下，由外接电源进行充电，当突发紧急情况时候，烟雾和光线感受器感受外部信息后自动启动发光强度应不低于 100 mcd 的照明灯以供应急疏散者正常使用疏散导向（图 7-25，图 7-26）。

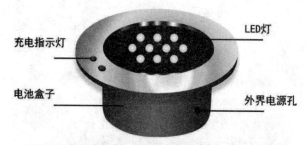

充电指示灯　LED灯

电池盒子　外界电源孔

图 7-25　中小学应急疏散导向系统低位应急导向照明灯设计结构图

图 7-26　低位应急导向照明灯阴暗环境应用

七、导向标识布点规划

中小学校园应急疏散人流量很大，同时，因为中小学生生理和心理特征决定，中小学生在应急疏散的时候从众等心理突出，所以在应急疏散导向标识布点设置上，要充分根据现有建筑物条件情况，把控好标识设置的紧密度，按照《GB 23809—

2009—T应急导向系统设置原则与要求》和《GB 15630—1995消防安全标志设置要求》相关国标文件规范进行布点（图7-27）。导向标识安装的距离也需要严谨对待，属于同一种类型的导向标识之间的分布距离要设定在20 m及其以内的距离，导向标识安装的位置和走道尽头的有效距离不能大于10 m，以确保导向标识的良好导向性能（图7-28）。

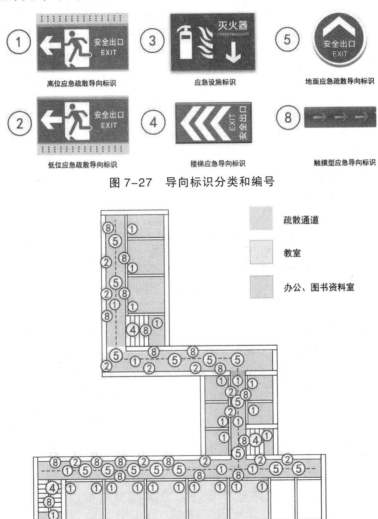

图7-27　导向标识分类和编号

图7-28　某小学教学楼应急导向标识布点规划图

八、导向灯布点规划

应急疏散导向灯光系统是中小学应急疏散导向系统中的重要组成部分，主要设置在疏散通道（走廊）两侧和关键出口处，为应急疏疏散参与者提供应急照明和语音导向的作用。

低位导向灯光疏散标识设置上根据《建筑设计防火规范 GB 50016—2014 消防应急照明和消防疏散指示标志》国标文件相关规定标准，疏散通道及其转角处的低位导向灯光疏散标识在墙面上的位置不能高于地面 1 m 以上，两个低位导向灯光疏散标识之间的空间距离不能大于 20 m 以上；走廊转角处需小于 1 m。根据《JGJ/T 16—92 民用建筑电气设计规范》的规定，成绵小学滨江校区中的下列节点位置需要进行重点设置应急照明装备（图 7-29）。

高位应急导向灯　　　　　　低位应急导向灯

图 7-29　导向灯分类和编号

（1）教学楼、办公楼楼梯。

（2）楼栋各层走廊和路口交叉处。

（3）教室、办公室、图书资料室室内。

（4）每层公共活动区域。

以上的这些节点位置是中小学校园里面人员流动量较大，或者是存放有重要的设备器材的地方，因而需要对其进行重点的布点设置规划，应急疏散照明设备需要进行着重布置（图 7-30）。

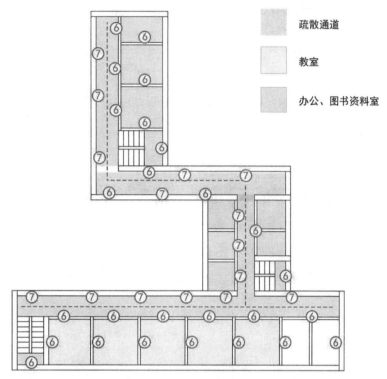

图例：
疏散通道
教室
办公、图书资料室

图 7-30　某小学教学楼应急导向灯布点规划图

第四节　优化后导向系统标识与传统导向系统标识对比

本书以整体化的导向系统进行研究设计对象，对于导向系统中的各个要素进行优化，从图文布局到材料搭配均有涉及。如表 7-3 和图 7-31，图 7-32 所示，相对于传统导向标识只是单个的设计布置，本书中优化设计的导向系统标识在材料和图文视觉上保持高度的统一，触摸型、标识型、灯光照明型导向标识在导向系统中统一布点规划、综合应用，形成完整的、立体的系统式应急疏散导向，从而使中小学应急疏散导向系统在疏散过程中起到尽可能大的导向作用。

表7-3 优化后导向系统标识与传统导向系统标识组成要素对比表（√表示有，/表示无）

类目	导向标识	高位应急照明灯	低位应急照明灯	语音导向	触摸型标识	移动型临时性标识
优化后导向系统	√	√	√	√	√	√
传统导向系统	√	√	/	/	/	/

图形	按照国标进行设计，图形简洁明了图文排列协调美观，文字和图像的辨识度均比较高。	文字部分和图像部分排列不协调，相互之间的间距排列不够严谨，图形较为复杂不利于分辨，多数箭头符号和图像并用。
材质	采用石英玻璃防火抗磨抗污，采用储光式夜光粉可以在停电的时候自发光。	多数为pvc材质，防火性和抗污损能力不强，绝大多数没有把自发光和供电式相结合。
功能	加入智能人声音控导向器，可以播放声音导向。	市面上有可发生的标识，只能发出滴滴滴的声音。

图7-31 新旧导向标识对比

材质	表面采用石英玻璃，具有很强的抗火、抗磨、抗污的特性。	机体多为塑料材质，不抗火。
设计	具有很强的工业设计感，和周围环境可以很好地融合，具有美感。	没有设计感，样式较为丑陋。
功能	加入智能人声音控导向器，可以播放声音导向。	无语音功能。

图7-32 新旧导向照明灯光对比

第八章　中小学校自然灾害数据库建设

第一节　国内外自然灾害数据库概述

一、国内常见的自然灾害数据库

1. 资源学科领域基础科学数据整合与集成应用

人地系统主题数据库是面向人地系统基础研究、国家经济建设和国家战略需求，以人口、资源、环境和发展（PRED）为核心的数据库服务系统。它由中科院信息化专项提供支持、中科院地理科学与资源研究所承建。人地系统主题数据库是在完善原中国自然资源数据库的基础上，通过整合东北黑土区、黄土高原、西南山地等人地关系典型区域以及中国周边与全球主要国家（地区）的人地系统数据形成。数据库的内容涉及自然资源、环境、人口、社会经济、生态等多个方面，主要为地球科学基础研究、区域可持续发展、政府管理决策以及社会公众提供数据服务。

2. 中国国家气象网 – 国家气象科学数据共享服务平台

中国国家气象网 – 国家气象科学数据共享服务平台是国家科技部等直属单位，其主要提供气象相关的数据服务，包含了很多数据集，其中有历史气候相关数据，还有实时动态的数据。其提供的数据共享服务有地面资料、高空资料、海洋资料、辐射资料、农气资料、数值预报、历史气候代用、雷达资料、卫星资料、气象灾害、科考资料等。平台设有访问权限,其分为4种,分别是普通注册用户、个人实名注册用户、单位实名注册用户、教育科研实名注册用户。普通注册用户和教育科研实名注册用户可以在其数据库中进行浏览、查询和下载指定气象数据和产品;个人实名注册用户和单位实名注册的用户可以在其数据库中进行浏览、查询和下载中国气象局最新公布的《基本气象资料和产品开放清单》内的气象数据和产品,因此其访问身份不同,所取得的权限也不同。

3.中国山地环境与灾害数据库

中国山地环境与灾害数据库是中国科学院水利部成都山地灾害与环境研究所为方便科研院所、高校和政府部门共享山地研究成果,促进山地科学研究的资源共享、开放合作而建立的山地科学数据共享平台。数据库整合、集成了中国科学院水利部成都山地灾害与环境研究所长期以来的台站观测数据、野外考察数据和科学研究成果数据,包括7个子库,其分别是山地灾害数据子库、山地环境数据子库、山地社会经济数据子库、山地基础数据子库、山地科学科研成果数据子库、山地影像数据子库、5.12汶川地震灾区数据子库。

二、国外常见的自然灾害数据库

EM-DAT(http://www.emdat.be)是由1998年灾害流行病学研究中心CRED启动、世界卫生组织(WHO)和比利时政府支持的紧急事件数据库,其免费提供灾害数据服务,在国际灾害管理与研究界得到了广泛应用。其数据库的主要目的是服务在国家和国际水平上的人道主义行动,包含了世界上从1900年至今发生和影响的超过22 000起大规模灾害的重要核心数据。EM-DAT要求满足的收录标准是受伤大于100人、死亡满足大于10人、国家对于灾害的发生宣布进入紧急状态或呼吁国际救助的事件,否则不予收录。

第二节　自然灾害数据库的分类

随着科技与社会的迅猛发展以及全球人口的增长，人们对资源的需求也越来越大，对自然生态环境的破坏也随之严重，由此引发了频繁的自然灾害，造成了巨大的人员伤亡与经济损失，这一后果引起了全球人民的普遍关注，尤其是政府人员和专家学者对于自然灾害数据的需求日益增加。各国不同类型、不同范围、不同用途的数据库日新月异，可以从地理范围、研究机构、灾害类型、数据库的收录标准等角度进行分类。

一、按灾害的地理范围分类

（1）世界级自然灾害数据库：流行病学灾害研究中心（CRED）负责的 CE-DAT、美国地质调查局（USGS）负责的 Earth quake USGS database、联合国粮农组织（FAO）的干旱灾害数据库、世界银行（WB）的全球自然灾害数据库等。

（2）洲级或国家级自然灾害数据库：世界卫生组织（WHO）和比利时政府共同负责的 EM-DAT、亚洲防灾中心（ADRC）的自然灾害数据库、中国科学院地理科学与资源研究所负责的中国自然灾害数据库、澳大利亚政府负责的 EMA Disasters Database、中国农业部种植业管理司负责的中国灾害查询系统、中国科学院成都山地灾害与环境研究所负责的中国山地环境与灾害数据库等。

（3）区域级别的自然灾害数据库：欧盟委员会 -- 重大事故危害局负责的 Industrial Accident：MARS（The Major Accident Reporting System）、印度奥里萨邦的自然灾害数据库等。

二、按自然灾害类型分类

（1）单一灾种自然灾害数据库：中国种植业信息网－灾情数据库、中国及邻区地应力和地质灾害数据库查询系统、联合国粮食计划署（WFP）的干旱灾害数据库等。

（2）综合性自然灾害数据库：世界卫生组织（WHO）和比利时政府共同负责的 EM-DAT 数据库、中国科学院地理科学与资源研究所负责的中国自然灾害数据库、中国气象局国家气象信息中心负责的中国灾害性天气数据库等。

三、按研究机构分类

（1）国际组织或机构研发的自然灾害数据库：联合国粮食计划署（WFP）的干旱灾害数据、世界银行（WB）的全球自然灾害数据库、联合国粮农组织（FAO）的干旱灾害数据库、流行病学灾害研究中心（CRED）负责的 CE-DAT 等。

（2）各国政府负责建立的自然灾害数据库：澳大利亚政府负责的 EMA Disasters Database、世界卫生组织（WHO）和比利时政府共同负责的 EM-DAT 数据库等。

（3）保险公司负责建立的自然灾害数据库：慕尼黑再保险公司灾害数据库 Nat Cat、瑞士再保险公司数据库 Sigma 等。

（4）高校及科研单位建立的自然数据库：美国加州里齐蒙得大学继续教育学院负责的 The Disaster Database Project、中国台北淡江大学资讯与图书馆学系负责的 ATURAL DISASTER REFER-ENCE DATABASE、美国国家科学基金会和南卡罗莱纳州大学负责 HELDUS（SpatialHazard E-ventsand Losses Database for theUnitedStates）、日本北本朝展－国立情报学研究所负责的 Digital Typhoon：Typhoon Disaster Database 等。

第三节　国内外自然灾害数据建设特点

本书研究了相关灾害数据库的文献，并登录查询了相关数据库，在数据库建设方面对国内和国外的数据库进行了比较，总结出如下特点。

（一）国内数据库建设特点

（1）我国目前已经建成并进行使用的数据库中研究对象和服务对象大多集中在国内，而其他国家的数据库研究或服务范围大多为全球各地。

（2）数据库标准不一，规范化不高。

（3）数据库监督机制不完善，贡献程度不高。

（4）数据库应用技术不够成熟，使用效率不高。

（二）国外数据库建设特点

（1）大多数据库研究范围及服务范围广，共享程度高。

（2）数据库商业化程度高，使用效率高。

（3）政府支持力度大，有助于数据库的建设规模、运行效率等。

（4）数据库种类丰富、库容量大。

总之，虽然目前国内的数据库与国外相关数据库在建设、维护、管理等方面存在一定的差距，但是存在"短板"时，只要积极采取加大政府支持力度、统一制定相关规范、提高共享力度、引进最新技术等措施，一定会使国内的数据库相关建设和运行得到极大的提高。

第四节 中小学校自然灾害数据库的基本结构

中小学校自然灾害数据库，顾名思义指的是有关中小学校自然灾害的各种数据的"贮存器"。通过文献研究、资料收集、实地调研等途径获得核心数据（历史灾情数据）、基础数据（空间数据、基础地理信息数据、社会经济数据、中小学校相关数据）和辅助数据（防灾减灾抗灾数据），进一步获得自然灾害分类体系和元数据标准，并结合其数据分别得到属性数据库和图形数据库（空间数据库）。

数据库的基本结构分三个层次，反映了观察数据库的三种不同角度。

以内模式为框架所组成的数据库称为物理数据库；以概念模式为框架所组成的数据库称为概念数据库；以外模式为框架所组成的数据库称为用户数据库。

（1）物理数据层。它是数据库的最内层，是物理存贮设备上实际存储的数据的集合。这些数据是原始数据，是用户加工的对象，由内部模式描述的指令操作处理的位串、字符和字组成。

（2）概念数据层。它是数据库的中间一层，是数据库的整体框架，指出了每个数据的逻辑定义及数据间的逻辑联系，是存贮记录的集合。它所涉及的是数据库所有对象的逻辑关系，而不是它们的物理情况，是数据库管理员概念下的数据库。

（3）用户数据层。其表示的是用户接触和操作的数据库，表示了一个或一部分特定的用户使用的数据集合，即逻辑记录的集合。

一、中小学自然灾害分类体系

自然灾害是指给人类生存带来危害或损害人类生活环境的自然现象，包括干旱、高温、低温、寒潮、洪涝、积涝、山洪、台风、龙卷风、火焰龙卷风、冰雹、风雹、霜冻、暴雨、暴雪、冻雨、大雾、大风、结冰、霾、雾霾、浮尘、扬沙、沙尘暴、雷电、雷暴、球状闪电等气象灾害。

随着地球上自然环境被破坏的越来越严重，自然灾害发生的频率也越来越高，自然灾害带来的巨大损失逐渐让人们越来越重视如何防灾减灾抗灾。在地球空间中，致灾因子和孕灾环境种类非常多，彼此间关系复杂，因此对于自然灾害的科学分类至关重要，是做好防灾减灾工作的基础。

目前市场上存在的自然数据库，大多建立了属于自己的自然灾害分类体系。例如世界卫生组织与比利时政府共同创建的 EM-DAT 紧急灾难数据库将自然灾害划分为生物型、气象气候型、复合型、地球物理型、水文型等几大类，其中又包括干旱、地震、传染病、极端温度、洪水、虫害、风暴、火山、火灾等若干灾种。对于我国，自然灾害具体分为：

（1）大气圈和水圈灾害。主要包括洪涝、干旱、台风、沙尘暴以及大风、冰雹、暴风雪、低温冻害等。

（2）地质、地震灾害。主要包括地震、崩塌、滑坡、泥石流等。

（3）生物灾害。

（4）森林和草原火灾。

在 2016 年国务院办公厅关于印发《国家综合防灾减灾规划（2016—2020 年）》的通知中，提到气象、水文、地震、地质等种类里的灾害，未做其他详细的分类。

作为汶川地震灾区（绵阳市）中小学校自然灾害的数据库，其研究范围内针对中小学校的自然灾害，并不会像全国或者其他更大范围区域中所发生的灾害种类多，具有较为明显的地域特征，具体应该遵循几点：

（1）本书主要聚焦对象为中小学校，研究方向为自然灾害，因此在分类和编码中需要区别于一般的灾害数据库和灾害分类体系。

（2）在构建汶川地震灾区中小学校自然灾害分类体系时，

不仅需要遵循科学的灾害分类，而且还要需要兼顾平时使用习惯。

（3）分类时逻辑需要清晰，每一个致灾因子在分类时不能出现模糊不清的现象。

（4）每个致灾因子需要按照实际、按照同一性质的归为一类，不能出现重复或遗漏。

作者通过查阅相关文献研究和实际走访收集到研究对象——四川省绵阳市（2008—2018年）的各项灾害数据，其按照现行国际惯用标准和我国具体实情进行如下分类，如表8.1所示。

表8.1 绵阳市中小学校自然灾害分类体系图

绵阳市中小学校自然灾害分类体系			
A 地质类	B 气象类	C 水文类	D 生物类
地震	大风	洪涝	禽流感
滑坡	暴雨	干旱	SARS
泥石流	风雹	堰塞湖	麻疹
塌陷	雪灾	其他	天花
沉降	雾	—	虫咬病毒
危岩	高温	—	其他
山体崩塌	低温冷冻	—	—
其他	森林火灾	—	—
—	其他	—	—

上述的绵阳市中小学校自然灾害分类体系综合了国内外各种现行的自然灾害的分类以及人们习惯的用法，根据绵阳市实际情况，分别对应岩石圈、大气圈、水圈和生物圈进行分类为地质类、气象类、水文类、生物类，形成自然灾害的分类体系，从中可以一目了然地辨识致灾因子所在的孕灾环境。另外，为了研究目标性的灾种，从中可以探究出各致灾因子之间的相互关联，从而更加准确与科学地得出相关结论，提出相关减灾防灾措施（图8-1）。

绵阳市中小学校自然灾害分类体系的确定，为后续构建中小学校自然灾害元数据标准及汶川地震灾区中小学校自然灾害数据库奠定了坚实的理论基础，通过收集绵阳市的历史灾情数据、空间数据、基础地理信息数据、社会经济数据、中小学校相关数据、防灾减灾抗灾数据等，最终形成目的数据库并进行相关灾害应用，从而进一步推进防灾减灾抗灾一系列工作的开展。

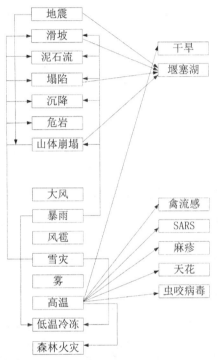

图 8-1 中小学校自然灾害各致灾因子关联图

二、中小学校自然灾害数据库建设的主要相关技术

随着信息技术的迅猛发展，很多新理念和新技术已广泛应用到自然灾害数据库中，总结国内外已有的自然灾害数据库，主要存在以下几种技术。

1.Web 技术

如今，网络几乎遍布世界的每一个角落，与人们的生活息息相关。许多数据库从单机版本转化成了网络版本。从而使用户自身及他人的成果得以相互共享，当每位用户都是一个数据源时，其海量的信息汇聚一体，其就变为一个庞大的数据平台，增加了每位用户获取信息的渠道，与以前相比则更加便捷。但是同时也会出现一些问题，比如说海量的数据存在很多重复，造成冗余、收集的信息格式等不统一，使得数据库冲突、数据的正确性与可靠性难以把握，但随着信息技术的逐渐成熟以及迅速发展，这些问题会被逐渐解决。

2. 分布式架构技术

分布式架构是分布式计算机技术的应用和工具，目前成熟的技术包括 J2EE，CORBA 和 .NET（DCOM），这些技术牵扯的内容非常广。其主要核心是数据和程序可以不在一个服务器上，而可以分布在多个服务器上。其主要优势在于减少中心主机的运行压力，从而促进了数据库的数据共享、便捷使用。

3. 空间信息技术

空间信息技术（Spatial Information technology）主要包括卫星定位系统、地理信息系统和遥感等的理论与技术，同时结合计算机技术和通讯技术，进行空间数据的采集、量测、分析、存储、管理、显示、传播和应用等。地球空间信息技术也称"3S"技术，即地理信息系统（GIS）、全球定位系统（GPS）和遥感测绘技术（RS）的统称。在国际上，很多国家都将空间技术广泛应用于灾害预警与监测中。灾害具有突发性、范围蔓延快、破坏性强、救援不易接近等特点，然而卫星设施可以幸免于此，保证一切救援行动得以正常进行。近年来，全球自然灾害频发，给人类带来了巨大的损失，环境遭到极大的破坏，其灾害的发生与环境的破坏形成了恶性的循环，引起了各国人民的广泛关注，人们一直积极探索如何高效地防灾减灾抗灾；传统的人工管理手段无法满足如今复杂的、频发的灾情，所以提高其技术水平是十分迫切的。信息技术的迅猛发展为各国研究灾害方面提供了良好的契机。

如今，越来越多的政府机构人员、专家学者等对于灾害的研究愈加重视，积极运用了当前盛行的由美国 Esir 公司开发的一种地理信息平台——ArcGIS。

4. 数据挖掘技术

随着信息技术的迅猛发展，数据挖掘技术涉及人们生活的方方面面，人们的日常生活也离不开它所给人们带来的便利与服务。数据挖掘技术，通俗来说即是从海量的数据中查找研究出其数据之间的联系，以便了解其蕴含的规律，在数据库中运用数据挖掘技术，可以为数据库提供一种智能的、便捷的辅助措施。

如今，人们在办公、生活、休闲时都需要借助于互联网，是网络拉近了彼此的距离，提高了办公的效率。越来越多的人使用互联网，由此也在其中产生了海量的数据；在面对单个数据时，也许没有明显的价值，但在海量的数据中充分挖掘，会发现包含了很多意想不到的价值。例如，当今人们身处在大数据时代，很多互联网公司利用其用户平时的运动轨迹可以挖掘到道路的人流密度、车流密度、道路拥挤程度等；利用飞机的飞行轨迹，可以描绘出全国人民的"迁徙"路线，从而得知城市的"出行热度"；利用共享单车的出行运动轨迹可以了解到人们的工作与休息时间；利用夜晚城市的光照分布及亮度可以统计出城市活跃度等。总之，如今在信息技术及理念的快速发展的影响下，人们在海量的数据面前充分发掘到巨大的信息价值。人们在自然灾害面前充分发挥数据挖掘技术，从而挖掘到更多学术价值，以便减少自然灾害带来损失与威胁。

第五节　中小学校自然灾害元数据标准的基本概念

随着科技的迅猛发展和信息技术的进步，越来越多的数据库应运而生。面对海量的数据源，作为数据库开发者希望可以通过有效的管理维护其数据库，作为用户希望可以通过简捷方法进行访问数据库，然而此时数据的格式、来源等元数据的信息显得格外重要。随着各类大小数据库的涌现，为了后期数据库可以随着时间的推移对其进行完善、修改、删除等操作，人们越来越重视元数据标准的建立。中小学校自然灾害数据库作为专项数据库的一种，为了实现其使用的长久性、数据源的准确性、数据库访问的安全性等，其结构、模式等应满足大型数据等基本标准。

因此在本书中，首先建立了中小学自然灾害数据库的元数据标准，为后期的中小学自然灾害数据库的建立奠定坚实的基础，从而使数据库的应用得以实现。

一、元数据

元数据（Metadata），为描述数据的数据（data about data），主要是描述数据属性（property）的信息，用来支持如指示存储位置、历史数据、资源查找、文件记录等功能。

二、元数据标准

元数据标准，一般来说，是被用来描述某类资源的具体对象时所有规则的集合。不同类型的资源可能有不同的元数据标准，一般包括完整描述一个具体对象所需的数据项集合、各数据项语义定义、著录规则和计算机应用时的语法规定。

随着时代的发展，各种类、大小的数据库不断涌现，很多专家学者越来越重视元数据标准的设计，从而元数据的内容越来越丰富，设计方式也会出现差异，为了促进元数据的相互共享，提高数据使用效率，因此必须建立统一的元数据标准。从目前数据库研究的现状可以得知的常见重要的元数据标准如下。

（1）都柏林核心集（Dublin Core Metadata Initiative，DCMI）

是元数据的一种应用，是 1995 年 2 月由国际图书馆电脑中心（OCLC）和美国国家超级计算应用中心（National Center for Supercomputing Applications，NCSA）所联合赞助的研讨会，在邀请 52 位来自图书馆员、电脑专家，共同制定规格，创建一套描述网络上电子文件之特征。

（2）中国科学院科学数据库核心元数据标准，由中国科学院计算机网络信息中心主持，联合各参与该项目的单位共同研究制定。科学数据库核心元数据标准（SDBCM）建立了一套用以描述数据集的元素集合和一个描述服务的元数据模型，以及若干数据集服务元数据实例，分别为科学数据库核心元数据标准之数据集元数据标准和服务元数据标准。

（3）数字地理空间元数据内容标准（Content Standard for Digital Geospatial Metadata，简称 CSDGM），CSDGM 是由美国联邦地理数据委员会（Federal Geographic Data Committee，简称 FGDC）下设的元数据工作组制定的，其目的是为数字化地理空间数据的归档提供一套术语和定义的通用集合，包括需要的数据元素、复合元素（一组数据元素）以及它们的定义、域值、可选性、可重复性等等。

第六节 中小学校自然灾害元数据标准的设计

一、设计目标

中小学校自然灾害元数据标准为其元数据的选择提供了原则和规范，规定了元数据的结构、形式和含义，为后续构建的中小学校自然灾害数据库的数据管理和搜索目标对象要素的快速查询奠定了坚实的基础；构建的中小学校自然灾害元数据标准也是中小学校自然灾害数据库的重要组成部分。元数据标准可以将海量的原始数据进行分类、处理、描述，而且可以将中小学校自然灾害数据库与其他数据库相互共享。中小学校自然灾害元数据标准的建立不仅使元数据更加规范、科学、统一，更使中小学校自然灾害数据库中的数据更加标准、规范、准确，减少了数据库的冗余度，提高了海量数据的管理水平与处理速度以及数据库的使用效率与共享程度，使得数据库的数据资源更加丰富，数据库的结构与管理更加完善。

一个元数据标准建立的好与否，直接关系到一个数据库的使用，其便利性、共享性、安全性、准确性都会受到影响。

二、功能设计

随着灾害研究的逐步开展，灾害信息越来越多，收集到的灾害信息需要添加进入、完善丰富数据库；数据库相关灾害信息经论证核实后需要修改、处理，这些都需要一个便捷、准确、科学的元数据标准进行统一，其主要包括以下几个功能：

（1）描述筛选。元数据即是"描述数据的数据"，描述是元数据最基本的功能。当用户在使用时不需要查看具体数据就可以了解其数据集。元数据标准还可以对其数据进行评价筛选，选择出用户想要的数据。

（2）查询检索。元数据标准可以有效地组织相关数据集和信息，在用户进行查询时进行快速地检索出用户所需要的信息，准确地定位到是否满足的信息。

（3）维护管理。元数据标准建立后，可以为后续对数据库进行修改、增加、删除、完善等步骤提供了一个标准规范，避免因为管理数据库人员的流动等客观情况造成数据库管理变动，从而使数据库更具持续性。

（4）互换共享。如今市面上涌现各种类型、容量的数据库，其元数据标准的统一能够促进相互之间的共享，也发挥了数据本身的作用，积极推动了数据库之间的实时更新。

第七节　中小学校自然灾害元数据标准的建立与应用

通过对收集到的核心数据（历史灾情数据）、基础数据（空间数据、基础地理信息数据、社会经济数据、中小学校相关数据）、辅助数据（防灾减灾抗灾数据）三类数据进行整体理解，确定合适的主题与范围。根据自然灾害的特征，借鉴国内外体系成熟的元数据标准，采用区分类型、确定范畴、逐级分细等方法，完成中小学校自然灾害元数据标准的建立。

一、设计原则

在构建中小学校自然灾害元数据标准的过程中，需要注重五个方面：一、元数据标准需要拥有一个元素集或实体且需要相关约束条件进行约束；二、语法规则尽量简洁易懂，编写的程序方便实用；三、能够满足相关专业的需要，具有相关专业匹配性。四、具有较好的通用性，方便更多使用者。五、使用的方法、原则具有可推展性，以便其更加丰富、完善。

二、技术流程

中小学校自然灾害元数据标准的构建主要步骤有：定义术语、总体框架设计、元数据元素设定与录入、中英文表示、举例示意、完善附录等相关信息，如图8-2所示。

三、中小学校自然灾害元数据标准的应用

通过中小学校元数据标准，针对不同的灾害数据集产生不同的元数据，从而组成元数据库，为中小学校自然灾害数据库的数据管理、共享等提供良好的基础。本书以汶川地震灾区中

的重灾区——绵阳市为例，列举出中小学校自然灾害元数据标准的相关应用（表8-2）。

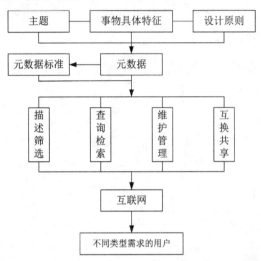

图8-2 中小学校自然灾害元数据标准建立总体思路示意图

表8-2 汶川地震灾区中小学校自然灾害数据库及其元数据库

汶川地震灾区中小学校自然灾害数据库（绵阳市，2008-2018年）	元数据库	序列号	状态
历史灾情数据集	20080101/20180101 绵阳历史灾情数据	01	入库
空间数据集	20080101/20180101 绵阳空间数据	02	入库
基础地理信息数据集	20080101/20180101 绵阳基础地理信息数据	03	入库
社会经济数据集	20080101/20180101 绵阳社会经济数据	04	入库
中小学校相关数据集	20080101/20180101 绵阳中小学校相关数据	05	入库
中小学校相关数据集	20080101/20180101 绵阳防灾减灾抗灾数据	06	入库

通过元数据标准，对绵阳市历史灾情数据集、空间数据集、基础地理信息数据集、社会经济数据集、中小学校相关数据集、防灾减灾抗灾数据集产生各自的元数据，使得海量数据的分类、整理更加规范化、标准化；元数据标准为中小学校自然灾害数据

的管理和中小学校自然灾害数据库的建设提供了依据，增强了自然灾害数据的共享程度。但目前很多数据库建设都缺少元数据标准的构建，很难减少数据的繁冗度，削弱了数据使用的工作效率和共享程度。在如今大数据时代，面对海量的数据，需要重视元数据标准的建设，方能更好地挖掘到事物之间的相互关系，利用更多的资源并提高工作效率。

参考文献

Alexander D E. 2016. The game changes: "Disaster Prevention and Management" after a quarter of a century[J]. Disaster Prevention and Management, 25（1）: 2-10.

Aydin C, Tarhan C, Ozgur A S, et al. 2016. Improving disaster resilience using mobile based disaster management system[J]. Procedia Technology, 22: 382-390.

Chan S L, Wey W M, Chang P H. 2014. Establishing disaster resilience indicators for Tan-sui river basin in Taiwan[J]. Social Indicators Research, 115（1）: 387-418.

Hillier B, Hanson J. 1984. The social logic of space[J]. An Integration of GIS, Internet and Virtual Reality for the visualisation, Analysis, and Exploration of Geos patial Data, International Journal of Geographical Information Science,（4）: 392.

Hillier B, Iida S. 2005. Network and psychological effects in urban movement [C]//International Conference on Spatial Information Theory. Springer, Berlin, Heide lberg: 475-490.

Hillier B. 2007. Space is the Machine: A Configurational Theory of Architecture[J]. Journal of Urban Design,（3）: 333-335.

Hogan K. 2002. Pitfalls of Community-Based Learning:How Power Dynamics Limit Adolescents' Trajectories of Growth and Participation[J]. Teachers Colleges Record, 104（3）: 586-624.

Lane J. 2008.Veltkamp and Amy Lawson. Impact of Trauma in School Violence on the Victim and the Perpetrator: A Mental Health Perspective [A].Thomas W. Miller, School Violence and Primary Prevention [C]. New York: Springer, 189.

Talen E, Anselin L.1998. Assessing spatial equity:an evaluation of measures of ac cessibility to public playgrounds[J].Environment and Planning A, 30（4）: 593-613.

标志用公共信息图形符号 GB/T10001.1-2000[S]. 北京: 中国标准出版社, 2006.

伯纳德, 曼耶纳, 张益章, 等 .2015. 韧性概念的重新审视 [J]. 国际城市规划,（2）: 13-21.

蔡建明, 郭华, 汪德根 .2012. 国外弹性城市研究述评 [J]. 地理科学进展, 31

（10）: 1245-1255.

曹义敏 .2015. 中小学校园有效容灾面积系数研究——以山地小城市为例 [D]. 昆明：云南大学 .

陈建云，孙智勇，黄钢 .2007. 公共环境标识的位置设计 [J]. 交通标化，（12）: 101-102.

陈珂，温家洪，俞立中 .2013. 自然灾害元数据标准的设计与构建 [J]. 测绘与空间地理信息，36（4）: 4-8.

陈珂 .2013. 长江三角洲自然灾害数据库建设与风险评估研究 [D]. 上海：华东师范大学 .

陈霞，朱晓华 .2001. 试论灾害教育在防灾减灾中的作用 [J]. 灾害学，16（3）: 92-96.

程萍 .2014. 基于空间句法的城市中小学布局规划研究 [D]. 合肥：合肥工业大学 .

地震应急避难场所场址及配套设施 GB21734-2008[S]. 北京：中国标准出版社，2008.

防灾避难场所设计规范 GB51143-2015[S]. 北京：中国建筑工业出版社，2015.

高士晶 .2015. 城乡一体化背景下义务教育学校建设标准研究 [D]. 天津：天津师范大学 .

何力 .2010. 中小学防灾避难设计策略初探 [D]. 重庆：重庆大学 .

黄崴，王晓燕 .2006. 学校与社区关系及其改善策略 [J]. 教育科学，22（5）: 24-27.

库小伟 .2018. 中小学应急疏散导向系统设计研究 [D]. 绵阳：西南科技大学 .

李晨光 .2017. 基于空间句法的中小学校园规划分析 [D]. 绵阳：西南科技大学 .

李帆，王晓敏 .2011. 灾难中的安全家园——从日本东北地区地震谈中小学校防灾设计 [J]. 建筑与文化，（10）: 126-127.

李易 .2017. 基于空间句法的中小学开放空间研究 [D]. 绵阳：西南科技大学 .

连达军，朱进，李广斌 .2017. 社区减灾能力的熵权 - 灰靶评价方法研究——以苏州新区为例 [J]. 测绘通报，（12）: 98-102.

刘晶 .2015. 小学教学楼交通空间疏散设计研究 [D]. 南京：东南大学 .

刘少丽 .2012. 城市应急避难场所区位选择与空间布局 [D]. 南京：南京师范大学 .

彭展 .2012. 农村中小学可达性和空间布局优化研究 [D]. 武汉：华中师范大学 .

齐艳春 .2011. 校园公共安全突发事件应急评价指标体系构建研究 [D]. 天津：天津理工大学 .

谯正林 .2013. 都江堰市城市绿地防灾避险功能评价研究 [D]. 成都：四川农业大学 .

邵亦文，徐江 .2015. 城市韧性：基于国际文献综述的概念解析 [J]. 国际城市规划，30（2）：48-54.

宋冰雪，吴宗之，谢昱姝，等 .2012. 导向标志可见域的实验研究 [J]. 中国安全生产科学技术，（2）：16-22.

苏娜 .2006. 学生校园意外事故风险评价指标研究 [D]. 北京：首都经济贸易大学 .

孙雅婷 .2015. 基于空间句法的武汉市综合性公园绿地可达性研究 [D]. 武汉：华中农业大学 .

谭秀华 .2007. 我国学校灾害教育实施策略浅议 [C]// 可持续发展教育专业区域中心国际论坛 .

汤朝晖 .2009. 日本中小学校防灾抗震设计启示 [J]. 建筑学报，（1）：86-89.

天津市城乡建设委员会 .1988. 中小学校建筑设计规范 [M]. 北京：中国计划出版社 .

王国光 .2008. 重建福祉——日本中小学校的防灾与灾后重建启示 [J]. 南方建筑，（6）：23-25.

王杰 .2018. 汶川地震灾区中小学校自然灾害数据库的建设与应用研究 [D]. 绵阳：西南科技大学 .

王静爱，史培军，朱骊，等 .1995. 中国自然灾害数据库的建立与应用 [J]. 北京师范大学学报（自然科学版），（1）：121-126.

王静爱，史培军，朱骊，等 .1995. 中国自然灾害数据库的建立与应用 [J]. 北京师范大学学报（自然科学版），31（1）：121-126.

王正阳 .2017. 绵阳市中小学与社区安全空间耦合性研究 [D]. 绵阳：西南科技大学 .

吴迪 .2015. 城市人员密集场所应急导向系统设计研究 [D]. 上海：东华大学 .

吴辉辉 .2011. 中小学抗震能力分析与评价 [D]. 西安：西安建筑科技大学 .

向帆 .2009. 导向景观标识系统设计 [M]. 南昌：江西美术出版社 .

向峰 .2016. 基于 GIS 地质灾害数据库应用的研究 [J]. 有色金属文摘，（1）：84-85.

肖和叶 .2017. 城市中小学应急避难场所的有效性研究 [D]. 绵阳：西南科技大学 .

熊焰，梁芳，乔永军，等 .2014. 北京市地震应急避难场所减灾能力评价体系的研究 [J]. 震灾防御技术，9（4）：921-931.

徐霞，王静爱，王文宇 .2000. 自然灾害案例数据库的建立与应用 [J]. 北京师范大学学报（自然科学版），31（1）：274-280.

徐振强，王亚男，郭佳星，等 .2014. 我国推进弹性城市规划建设的战略思考 [J]. 城市发展研究，21（5）：79-84.

杨文婷 .2013. 湖北省社区防灾减灾能力的综合评价研究 [D]. 武汉：武汉理工

大学.

杨洋.2010.校园针对地震灾害的防灾避难功能适宜性设计研究[D].成都:西南交通大学.

张海峰.2007.基于ArcGIS的温州市地质灾害数据库建立及应用[D].西安:长安大学.

张花粉.2010.城市公共环境导向标识系统设计研究及济南市导向标识现状分析[D].济南:山东大学.

张晶.2011.环境标识导向系统在城市景观设计中的应用与研究[D].合肥:合肥工业大学.

张霄兵.2008.基于GIS的中小学布局选址规划研究[D].上海:同济大学.

张雪菲.2010.城市社区安全空间设计策略研究[D].长沙:湖南大学.

赵溪源.2019.基于空间句法的成都市中小学选址研究[D].绵阳:西南科技大学.

中国安全生产科学研究院.安全生产标准选编综合卷2[S].北京:中国标准出版社,2005.

中华人民共和国建设部.2002.城市居住区规划设计规范[M].北京:中国建筑工业出版社.

中小学校设计规范GB 50099-2011[S].北京:中国建筑工业出版社,2011.

周江评.2008.中小学校和幼儿园防震减灾:美国加州《费尔德法令》及措施[J].国际城市规划,(3):123-131.

周庆伟.2016.中小学校防灾减灾韧性评价体系研究[D].绵阳:西南科技大学.